# BEI GRIN MACHT SICH IHR WISSEN BEZAHLT

- Wir veröffentlichen Ihre Hausarbeit, Bachelor- und Masterarbeit

- Ihr eigenes eBook und Buch - weltweit in allen wichtigen Shops

- Verdienen Sie an jedem Verkauf

Jetzt bei www.GRIN.com hochladen und kostenlos publizieren

**Bibliografische Information der Deutschen Nationalbibliothek:**

Die Deutsche Bibliothek verzeichnet diese Publikation in der Deutschen National-
bibliografie; detaillierte bibliografische Daten sind im Internet über http://dnb.d-
nb.de/ abrufbar.

**Impressum:**

Copyright © 2018 GRIN Verlag
Druck und Bindung: Books on Demand GmbH, Norderstedt Germany
ISBN: 9783668853706

**Dieses Buch bei GRIN:**

https://www.grin.com/document/453259

Markus Haack

# Burnout im Wissenschaftsbetrieb

GRIN Verlag

**GRIN - Your knowledge has value**

Der GRIN Verlag publiziert seit 1998 wissenschaftliche Arbeiten von Studenten, Hochschullehrern und anderen Akademikern als eBook und gedrucktes Buch. Die Verlagswebsite www.grin.com ist die ideale Plattform zur Veröffentlichung von Hausarbeiten, Abschlussarbeiten, wissenschaftlichen Aufsätzen, Dissertationen und Fachbüchern.

**Besuchen Sie uns im Internet:**

http://www.grin.com/

http://www.facebook.com/grincom

http://www.twitter.com/grin_com

Deutsche Universität für Verwaltungswissenschaften Speyer

MPA 2016

Masterarbeit

# Burnout im Wissenschaftsbetrieb

Vorgelegt von Dr. Markus Haack

zur Erlangung des akademischen Grades *Master of Public Administration (M.P.A.)*

Prüfungsjahrgang: 2018 | Abgabefrist: 31.03.2018

# Inhalt

# Abbildungsverzeichnis

# Tabellenverzeichnis

# 1. Einführung in die Themenstellung

„'Aber er hat ja nichts an!' rief zuletzt das ganze Volk. Das ergriff den Kaiser, denn es schien ihm, sie hätten Recht; aber er dachte bei sich: 'Nun muss ich aushalten.' Und die Kammerherren gingen noch straffer und trugen die Schleppe, die gar nicht da war." (Andersen 1873: S.266)

Das Zitat stammt aus dem Märchen *Des Kaisers neue Kleider* in dem, wie in kaum einem anderen Stück Literatur, das Wesen eines Verhaltens oder auch eines ganzen Systems entlarvt wird, dem die Authentizität oder der Bezug zur eigenen Identität verloren gegangen ist. Bezeichnend ist auch die Konsequenz oder vielmehr die fehlende Konsequenz aus dieser Erkenntnis. Anders als dies zumeist in der realen Arbeitswelt der Fall ist, wird der Kaiser sogar auf seine missliche Lage von Außenstehenden aufmerksam gemacht. Wie bei Burnouterkrankungen häufig anzutreffen, soll dann aber der Schein möglichst lange gewahrt bleiben und die Schmach wird mit zur Schau gestellter Fassung bis zur Unerträglichkeit ausgehalten. Die mangelnde Kongruenz zwischen Innenwelt und Außenwelt und der innere Konflikt, der daraus erwächst, wird nicht bewältigt. Burnout ist dabei aber nicht nur ein Problem auf der Ebene des Individuums. Seine Ursachen können zwar im Privaten liegen, in dysfunktionalen Beziehungen oder in einer Häufung von Schicksalsschlägen, weit häufiger erkranken Menschen aber an der Organisation, in der sie tätig sind und die wiederum z.B. „an ihrer Kommunikationskultur" krankt und „dadurch nicht nur ihre Mitarbeiter, sondern auch ihr eigenes System" (Prieß 2016: S.19) verbrennt. Oder sie erkranken, weil sie sich am falschen Arbeitsplatz befinden, der in keiner Entsprechung zum eigenen Wesen steht. Wechselseitige Implikationen ergeben sich daraus sowohl für die jeweilige Organisation als auch gesamtgesellschaftlich nicht zuletzt in Form von erheblichen wirtschaftlichen Schäden.

Es existieren zahlreiche Studien über Burnout in Sozialberufen, im Lehrerberuf oder im Topmanagement von Konzernunternehmen. Bislang wurde aber der Wissenschaftsbetrieb in Deutschland mit seinen Spezifika noch wenig in den Fokus genommen. Es wird zu klären sein, ob dies einer mangelnden Relevanz des Themas geschuldet ist, wovon aber kaum auszugehen ist. Wissenschaftseinrichtungen befinden sich in einem Wandel, der geprägt ist von „Wettbewerbs-, Leitungs- und Qualitätssicherungsrhetorik" (Banscherus et al. 2009: S. 8). Navarro und Mas gehen davon aus, dass „decreasing resources, increasing demand and lack of political support have turned the university system into a favourable occupational environment for psychological risk such as job stress and burnout syndrome" (Navarro et al. 2010: S. 67). Zu dieser Einschätzung kamen sie nach einer Auswertung von 30 Studien über die Situation in Universitäten weltweit. Inwieweit diese düstere Einschätzung auch für den Wissenschaftsbetrieb in Deutschland gilt, ist allerdings diskutabel. Unzweifelhaft entwickeln sich Wissenschaftseinrichtungen aber zunehmend „zu Orten, an denen Arbeitsprozesse stattfinden, die [...] kollektiv organisiert werden müssen" und wo „gute Leistungen in Forschung und Lehre zunehmend vom produktiven Zusammenwirken [...] aller Personalkategorien abhängen" (Banscherus et al. 2009: S. 8). Da in einem solchen System der wechselseitigen Abhängigkeiten z.b. Burnoutrisiken bei Professoren durchaus in Zusammenhang stehen können mit einer schlecht funktionierenden Verwaltung, in der Mitarbeiter/-innen wegen psychischer Erkrankungen oft fehlen oder es an Arbeitsmotivation mangelt (vgl. ebd.), wird in dieser Arbeit der Versuch unternommen, eine zugleich umfassende wie auch differenzierende Betrachtung von Arbeitsbedingungen in Wissenschaftseinrichtung vorzunehmen, die alle Personalkategorien einschließt.

Vielleicht resultiert der Mangel an Studien über Burnout im Wissenschaftsbetrieb aber auch aus einer Befangenheit oder der Angst, eigene Schwächen oder Schwächen des Systems, in dem man sich bewegt, offenzulegen. Obwohl es naturgemäß schwerer erscheint, Probleme im eigenen Dunstkreis mit der gleichen Scharfsicht zu analysieren, als Objekte außerhalb, ist dies eine unabdingbare Notwendigkeit, um diese Probleme überwinden und aus sich selbst heraus wachsen zu können. Wenn es eine Stärke des menschlichen Geistes ist, dass er an seiner Selbsterkenntnis gesunden kann, dann sollte dies auch für ein System wie das Wissenschaftssystem gelten.

## 1.1. Stand der Forschung

Der Startschuss für die Burnoutforschung in engerem Sinne war ein Aufsatz des Psychoanalytikers Freudenberger im Jahr 1974 über Burnout beim Personal einer Klinik (vgl. Freudenberger 1974). Ab 1976 begannen Maslach und Pines mit ihren Forschungen, wobei zunächst der Fokus ausschließlich auf den Sozialberufen lag (vgl. Maslach et al. 1977). Bereits zu dem Zeitpunkt beschreiben die Autorinnen den Zusammenhang von beruflicher Arbeit und „physical exhaustion" sowie „emotional exhaustion" (ebd.: S. 101), in deren Folge Zynismus und Dehumanisierung der Klienten auftreten.

In den Jahren darauf stieg die jährliche Zahl von Publikationen über Burnout explosionsartig an und die Burnoutforschung erweiterte ihren Radius. Heute liegen Befunde in nahezu allen Berufsgruppen vor und es existieren Studien und wissenschaftliche Abhandlungen zu rund 60 Berufen und Personengruppen (vgl. Burisch 2014: S. 23). Burisch stellt daher die leicht zynische Frage, wann es wohl eine Studie zu Schäfer-Burnout geben wird (vgl. ebd). Für eine umfangreiche, aber dennoch nur exemplarische Übersicht über Studien zu diversen Berufsgruppen sei ebenfalls an Burisch verwiesen (vgl. ebd).

Die schiere Zahl an Studien sollte jedoch nicht zu der Schlussfolgerung führen, dass das Thema als Forschungsgebiet bereits ausgereizt wäre. Die Vielzahl an Studien ist nur ein Beleg dafür, dass jede Berufsgruppe ganz eigene Spezifika und Risikoprofile aufweist und Handlungsbedarf in unterschiedlichem Maß besteht. Gleichzeitig ist aber eine ausreichend große Schnittmenge vorhanden, sodass der Transfer von Theorien und Modellen in verschiedene berufliche Kontexte möglich ist. Entsprechende Quellen zu den Grundlagen der Burnoutforschung werden daher in den folgenden Kapiteln herangeführt, sodass an dieser Stelle keine Auflistung zu erfolgen braucht.

Interessanter ist nun die Betrachtung, welche Forschungsergebnisse aus dem Kontext des Wissenschaftsbetriebs bekannt sind. Da ist zunächst festzustellen, dass Studien bislang in aller Regel nur entweder das wissenschaftliche Personal oder das Verwaltungspersonal in den Blick genommen haben, jedoch fast keine ganzheitliche Betrachtung des Wissenschaftsbetriebs vorliegt. Einzig Bradley und Eachus (1995) sowie Bakker et al. (2005) haben sowohl wissenschaftliche als auch nicht-wissenschaftliche Mitarbeiter/-innen einer Hochschule untersucht.

Eine beinahe umfassende Übersicht mit ca. 20 Studien von psychischen Belastungen von Hochschullehrenden hat Schmidt vorgelegt (vgl. Schmidt 2017: S. 49 f.). Es wird daher hier darauf verzichtet, einzelne Studien aufzulisten. Es soll jedoch erwähnt werden, dass keine der aufgeführten Studien aus Deutschland stammt und erhebliche Unterschiede zwischen den Arbeitsbedingungen von Professoren/-innen in Deutschland und beispielsweise den USA herrschen.

Zu Burnout in Verwaltungen hat Vash (vgl. Vash 1980) Pionierarbeit geleistet. Einige weitere Arbeiten listet Burisch auf (vgl. Burisch 2014: S. 25). Dazu sei aber gesagt, dass diese Studien bereits betagt sind, ebenfalls nicht aus Deutschland stammen und, abgesehen von den Studien von Bradley und Eachus sowie Bakker et al., keine Spezifika des Wissenschaftsbetriebs berücksichtigen.

Die Bestandsaufnahme zeigt, dass es für den Wissenschaftsbetrieb in Deutschland einen Forschungsbedarf gibt. Für den Bereich der Wissenschaftsverwaltung und des Wissenschaftsmanagements lässt sich sogar auf internationaler Ebene kaum Forschungsaktivität nachweisen.

## 1.2.  Erkenntnisinteresse und forschungsleitende Fragen

Das Erkenntnisinteresse der vorliegenden Arbeit ergibt sich einerseits daraus, welche Erkenntnislücken der Stand der Forschung offen lässt und andererseits aus Spezifika des Wissenschaftsbetriebs, die bestimmte Fragestellungen nahelegen. Da erst wenige Studien über Burnout im deutschen Wissenschaftsbetrieb existieren, soll zunächst geklärt werden, wie relevant das Thema generell ist. Im Kern der vorliegenden Arbeit soll dann dargestellt werden, welche Faktoren bei der Einschätzung von Burnoutrisiken im Wissenschaftsbetrieb eine tragende Rolle spielen. Dabei geht es im Wesentlichen darum, psychische Belastungen von Arbeitsplätzen in der Wissenschaft und der Wissenschaftsverwaltung zu ermitteln und aufzuzeigen, wodurch es zum Auftreten des Burnoutsyndroms kommt. Da diese Arbeit sich nicht nur an einen engen Kreis wissenschaftlich Interessierter, sondern auch an Entscheidungsträger im Wissenschaftsbetrieb richtet, werden abschließend einige Handlungsempfehlungen entwickelt. Wenn Erkenntnisse aus dieser Arbeit so einen Beitrag dazu leisten, dass u.a. durch geeignetes Führungshandeln präventiv Burnoutrisiken vermindert werden können, dann wäre damit viel gewonnen.

Als Grundlage weiterer Operationalisierungen des Erkenntnisinteresses möchte ich im Folgenden drei forschungsleitende Fragen formulieren:

1. Wie groß sind die Risiken für Mitarbeiter/-innen von Organisationen im Wissenschaftsbetrieb, an Burnout zu erkranken?

2. Welche allgemeinen und welche spezifischen Risikofaktoren für Burnouterkrankungen lassen sich in Organisationen des Wissenschaftsbetriebs identifizieren?

3. Welche Handlungsempfehlungen lassen sich für Organisationen des Wissenschaftsbetriebs aus den identifizierten Risikofaktoren ableiten?

## 1.3. Aufbau der Arbeit

Die vorliegende Arbeit spannt thematisch einen Bogen, der mit einer begrifflichen Eingrenzung beginnt, dann Risikofaktoren im Wissenschaftsbetrieb beleuchtet und schließlich über eine empirisch fundierte Betrachtung des Status Quo in der Praxis in Handlungsempfehlungen mündet.

Im ersten Kapitel wird zunächst das Erkenntnisinteresse der Arbeit dargestellt, bevor Verständnisgrundlagen in Form von Definitionen und einer Betrachtung der Ätiologie und Symptomatologie von Burnout geschaffen werden.

Im zweiten Kapitel erfolgt eine Synthese aus ausgewählten Theorien und Modellen mit Spezifika des Wissenschaftsbetriebs. Es wird ein integratives Modell vorgestellt, das als Grundlage für eine Hinwendung zur Praxis im empirischen Teil fungiert.

Dann, im dritten Kapitel, erfolgt der Schritt hinaus aus dem Raum rein theoretischer Auseinandersetzung. Es wird mittels des standardisierten Instruments AVEM-44 und eigener empirischer Fragestellungen eine Untersuchung durchgeführt, die einen Befund für den Wissenschaftsbetrieb zulässt und Ursachen innerhalb von Arbeitsumgebungen aufdeckt. Zudem werden zwei Fallbeispiele herangezogen. Der Radius ist dabei institutionenübergreifend. Sowohl Hochschulen als auch außeruniversitäre Forschungseinrichtung werden einbezogen.

Im vierten Kapitel werden, aufbauend auf den Resultaten der empirischen Maßnahme, Handlungsempfehlungen für die einzelnen Tätigkeitsfelder im Wissenschaftsbetrieb gegeben.

Die Arbeit schließt mit einem Resümee, das die Ergebnisse in aller Kürze nochmal zusammenfasst.

## 1.4. Begriffliche Klärung

Eine Schwierigkeit, die sich mit der Festlegung eines wissenschaftlichen Begriffs von Burnout verbindet, liegt in der Vielschichtigkeit des Phänomens und einer uneinheitlichen und zudem inflationären Verwendung als Schlagwort in populärwissenschaftlichen Kontexten (vgl. Hedderich 2009: S. 10). Eine Definition müsste den Begriff so eingrenzen, dass er im Sinne einer sauberen Differentialdiagnostik von anderen psychischen Störungen unterscheidbar ist.

Bereits eine exakte Festlegung, ab wann von Burnout die Rede sein kann, schließt sich aber aus, da keine einheitliche Definition von Symptomen als hinreichende Kriterien möglich ist. Die Ursachen und Verlaufsformen von Burnout fallen individuell sehr unterschiedlich aus. Daher greift jeder einfache Definitionsversuch zu kurz. Dennoch oder gerade deshalb existieren Myriaden verschiedener Definitionen. Bei näherer Betrachtung lassen sich immerhin Gemeinsamkeiten erkennen, nach denen all diese Definitionen grob kategorisiert werden können. Hofmann trifft eine Unterscheidung zwischen individueller, formal-diagnostischer und gesellschaftlicher Annäherung (vgl. Hofmann 2015: S.1f.).

Schmidt differenziert sogar nach fünf Bedeutungsebenen (Schmidt 2017: S. 20):

1. Burnout als emotional, konatives Symptomcluster
2. Psychische Erkrankung im Sinne des Endzustandes eines Burnoutprozesses
3. Prozess mit regelhaften Phasen
4. Burnout-Faktoren
5. Burnout auf Organisationsebene

Im Folgenden sollen exemplarisch einige der gängigsten Definitionen aufgeführt werden, wobei eine entsprechende Typologisierung vorgenommen wird:

| Autor | Fokus | Definition |
|---|---|---|
| Maslach (1982, S. 3) | Symptomcluster/ Endzustand | „Burnout is a syndrome of emotional exhaustion, depersonalization, and reduced personal accomplishment that can occur among individuals that do people-work." |
| Cherniss (1980, S. 18) | Prozess | „Burnout can now be defined as a process in which a previously committed professional disengages from his or her work in response to stress and strain experienced in the job." |
| Hofmann (2015, S. 13) | Endzustand/ Faktoren | „Lange andauernde Stressreaktion, die ihre Quellen vornehmlich im beruflichen Bereich hat." |
| Lauderdale (1982, S.28) | Faktoren | „Burnout means there is a disparity between what is expected from a role and what is achieved." |
| Greve (2015, S.7) | Organisationsebene | „Organizational Burnout liegt dann vor, wenn sich ein aktives Organisationssystem [...] in einem erschöpften und paralysierten Zustand befindet und mit eigenen Ressourcen diesen, als unerwünscht erkannten, Zustand nicht mehr positiv verändern kann." |

*Tabelle 1: Versuche einer Definition des Burnoutbegriffs*

Die Definitionsversuche lassen erkennen, dass Burnout nicht zwingend, aber meistens als Phänomen im beruflichen Kontext charakterisiert wird. Bei Maslach lag der Fokus sogar anfänglich noch enger ausschließlich auf Sozialberufen.

Hofmann argumentiert kritisch zu allen Definitionsversuchen, dass Burnout bloß ein „Containerwort" sei „für Erfahrungen, die nicht neu sind und die man ohne Informationsverlust auch anders bezeichnen könnte" (Hofmann 2015: S. 14). Auch Pines sieht in Burnout einen „sozialpsychologischen Begriff" und keinen „klinische(n) Begriff wie etwa endogene Depression" (Pines et al. 2000: S. 46). Bei aller Schwierigkeit, den Begriff in eine wissenschaftlich und vor allem empirisch operationalisierbare Form zu pressen, ist seine Verwendung aber angebracht für die Beschreibung eines „höchst persönlichen Leides" (ebd.: S.10) oder als Projektionsfläche für Defizite in Organisationen oder der Gesellschaft im Ganzen.

Festzuhalten ist, dass Burnout als wissenschaftliche Kategorie nur bedingt einen Wert hat, jedoch als Wortcontainer für die Schaffung einer kommunikativen Schnittmenge oder eines gemeinsamen Verständnisses eines folgenschweren Phänomens unverzichtbar ist. Da Burnout in seiner schillernden Vielschichtigkeit nicht durch eine einfache definitorische Festlegung oder Dichotomien zu erfassen ist, wird im Folgenden zunächst eine Annäherung durch Wesensmerkmale in der Ätiologie und Symptomatologie vorgenommen, bevor Theorien und Modelle vorgestellt werden, auf deren Grundlage dann eine Operationalisierung in der empirischen Maßnahme erfolgt.

## 1.5.  Ätiologie und Symptomatologie

„Es war, als führte ich zwei getrennte Leben: Täglich hatte ich stundenweise Angstzustände, in denen ich nur weglaufen und mich verkriechen wollte. Ich fühlte mich nicht in der Lage, andere Menschen zu treffen, ein Gespräch zu führen. In den Phasen, in denen ich klar denken konnte, habe ich dann sofort wieder begonnen, zu arbeiten wie bisher" (Schwabe 2010).

Die Schilderung der Gefühlslage stammt von einem Wissenschaftler, der mit 30 Jahren zum Professor auf Probe berufen wurde. Bei ihm wurde nach einer Panikattacke Burnout diagnostiziert. Er beschreibt, welche Fragen ihn umgetrieben haben: „Was, wenn die Professur nicht entfristet wird? [...] Wenn irgendwann herauskommt, dass ich gar nichts kann?" (Schwabe 2010). Seine unbewusste und nicht zielführende Copingstrategie bestand darin, seinen Versagensängsten mit einer Steigerung des Arbeitseifers zu begegnen, die zu „schlaflosen Nächten, in denen ich um 4 Uhr schon einmal meine E-Mail lese" (ebd.) geführt hat.

Wie Pines anmerkt, ist die Abgrenzung zu Erscheinungsformen von Depression, die Symptom oder Begleiterscheinung von Burnout sein kann, Erschöpfung nach harter Arbeit oder bloßer „Arbeitsentfremdung" (Pines et al. 2000: S. 46) oft schwierig. Bei Letzterem sei allerdings „nie etwas anderes als (...) Verdienst erwartet" worden, während bei Burnouterkrankten in der Regel „das Gehalt einmal das Uninteressanteste an ihrem Beruf war" (ebd.). Die auch von Lauderdale beschriebene Disparität zwischen Erwartung und Realität (Lauderdale 1982: S. 28) und der ausbleibende ideelle Lohn scheinen wesentliche Merkmale in der Ätiologie von Burnout zu sein.

Weitgehende Einigkeit besteht in der Forschungsliteratur auch darüber, das Burnout ein Prozess ist, der schleichend einsetzt und sich oft durch eine zunehmende Häufung und Intensivierung von Symptomen auszeichnet. Für Betroffene ist dabei besonders tückisch, dass dieser Aufschaukelungseffekt (vgl. Burisch 2014: S. 40) das Gepräge einer Spirale oder eines Teufelskreises hat, der durch falsche Schlussfolgerungen und Ignorieren von Symptomen im Gang gehalten wird.

Es existieren zahlreiche Phasenmodelle, die versuchen, Symptome in eine zeitliche Abfolge einzureihen. Burisch merkt dazu an, dass alle Phasentheorien bloß auf „intuitiven Typisierungsversuchen" (ebd.) basieren. Dabei darf nicht außer Acht gelassen werden, dass der Verlauf von Burnout und auch die Ätiologie individuell sehr verschieden und der Prozess in vielen Fällen auch nicht zu einer finalen Phase gelangt, sondern Betroffene teilweise Jahrzehnte lang Symptome wie Ermüdung, Zynismus, Rückzug ins Innere etc. aushalten. Das kann damit zusammenhängen, dass Menschen sich mit ihrer misslichen Lage abfinden und diese irrtümlicherweise für den natürlichen und unabänderlichen Zustand ihres Seins halten.

Trotz des eingeschränkten wissenschaftlichen Gehalts von Phasenmodellen, soll hier eines exemplarisch vorgestellt werden, da sich solche Modelle ähneln und die meisten genannten Symptome so oder so ähnlich in allen Modellen vorkommen.

| Phase 1: Verwirrung (Confusion) |
|---|
| • Gefühl, dass irgendetwas nicht in Ordnung ist (something is not quite right) |
| • Ängste ohne erkennbaren Anlass (occasional feeling of anxiety) |
| • Erste körperliche Symptome: Kopfschmerzen, innere Anspannung, Schlaflosigkeit, Energiemangel |
| **Phase 2: Frustration** |
| • Unzufriedenheit und Ärger (frustration and anger) |
| • Gereiztheit (hostility) auch gegenüber Freunden und der Familie |
| • Gefühl, vom Leben betrogen worden zu sein (feeling cheated, deceived) |
| • Keine Hoffnung auf Besserung |
| • Somatische Symptome nehmen zu: z.B. durch Stress und Anspannung erzeugte Schmerzen am Rücken, Migräne etc. |
| • Suchtmittelmissbrauch und Eskapismus |
| **Phase 3: Verzweiflung (Despair)** |
| • Gefühl, dass alles Streben sinnlos und vergebens ist (efforts have no meaning or value) |
| • Gefühl, völlig fremdgesteuert zu sein (like an object used by others) und Mechanisierung des Lebens |
| • Unzufriedenheit und Ärger werden nicht mehr nach außen, sondern nach innen gegen die eigene Person gerichtet (anger toward others is direct toward himself) |
| • Misstrauen und Zynismus |
| • Erschöpfungsgefühl schon bei kleineren Anstrengungen |
| • Der/die Betroffene zieht sich zurück, wird apathisch, fühlt sich überall fehl am Platz (individual becomes apathetic and withdrawn and feels inadequate) |

*Tabelle 2: Phasenmodell nach Lauderdale (Lauderdale 1982: S. 30f.)*

Es wird ersichtlich, wie drastisch Burnout das Leben Betroffener zum Negativen verändert und welche massiven Implikationen für die Lebensqualität damit einhergehen. Auch wird erkennbar, dass Burnout in der Regel mit starken körperlichen Symptomen wie Schmerzen fast jedweder Art einhergehen kann. Das rührt daher, dass Betroffene, oft begünstigt durch Erwartungen und Einflüsse von außen, den Bezug zu sich selbst und zu ihren ureigenen Bedürfnissen verloren haben und der Körper kein anderes Ventil findet. Weil Betroffene oft verlernt haben, auf sich und ihren Körper zu achten, kommt es nicht selten vor, dass sie ihr Krankheitsbild zuerst missdeuten, Ursachen falsch attribuieren und Ängste entwickeln, z.B. unheilbar Herzkrank zu sein. Verhängnisvoll ist, wenn die Selbstdiagnose Betroffener fehl läuft, dass dann keine Schritte eingeleitet werden, die nötig wären, um der Abwärtsspirale ein Ende zu setzen. Dazu argumentiert auch Lauderdale: „You do not have to be aware of burnout to suffer from it" (Lauderdale 1982: S. 31). Gleichzeitig sieht er potenziell jeden Menschen gefährdet, an Burnout zu erkranken. Sogar die meisten Menschen durchlitten teilweise sogar mehrmals im Laufe ihres Lebens Phasen von Burnout, wenngleich nur selten die von Lauderdale beschriebene dritte Phase erreicht würde (vgl. ebd.). Die Anfälligkeit ist aber individuell sehr verschieden. Nach Pines sind diejenigen am stärksten gefährdet, die „anfänglich die größten Idealisten waren" (Pines et al. 2000: S. 46). Cherniss, die dieselben Probanden Mitte der Achtziger und zehn Jahre später erneut interviewt hat, zeigt auf, dass meistens vor Erreichen der letzten Phase Anstrengungen zur Bewältigung ausgelöst werden (vgl. Cherniss 1999: S.10). Die von ihr als Copingstrategie beschriebene Einstellungsänderung kann aber auch bedeuten, dass ein Verharren in Phase 1 oder 2 auf Lebenszeit, also ein resignatives Sich-Abfinden mit einem gewissen Maß an Unzufriedenheit, zum vermeintlichen Selbstschutz einsetzt.

## 2. Risikofaktoren im Wissenschaftsbetrieb

Es wurde bereits konstatiert, dass Burnout in den meisten Fällen im Zusammenhang mit Belastungen am Arbeitsplatz auftritt. Ebenso ist festzustellen, dass in puncto Auftretenswahrscheinlichkeit große Diskrepanzen zwischen Berufsfeldern und sogar innerhalb der Berufsfelder zwischen den Institutionen existieren. Lauderdale hat dazu eine Unterscheidung in „High- and Low-Risk Jobs" (Lauderdale 1982: S. 33) getroffen und sieht dabei Risikofaktoren vor allem in fehlender Autonomie, Redundanz der Arbeitsprozesse und niedrigem sozialen Status der Arbeit (vgl. ebd.).

Häufig wiederkehrend ist in Theorien über die Ursachen von Burnout auch die Annahme, dass eine Diskrepanz von Erwartungen und der Realität als ein auslösendes Moment zu identifizieren ist. Freudenberger, einer der Gründerväter der Burnoutforschung, postulierte, dass Burnout dann eintreten kann, wenn sich jemand einer Sache hingibt „that failed to produce the expected reward" (Freudenberger et al. 1980: S.40). Für eine Differentialdiagnostik ist diese Annahme aber völlig unzureichend, da Diskrepanzen von Erwartung und Realität nicht immer zu Burnout führen und Burnout häufig im Zusammenhang mit ganz anderen Auslösern auftritt.

Die Überlegungen von Freudenberger wurden von Maslach aufgegriffen, die durch ein stärker quantitativ empirisches Vorgehen Faktoren herausgearbeitet hat, die Burnout in den meisten Fällen verursachen (vgl. Maslach 1982: S. 8). Maslach ist auch das Maslach Burnout Inventory (MBI) zu verdanken, das sie zusammen mit Jackson veröffentlichte und das bis heute das am häufigsten verwendete Instrument in quantitativen Burnoutstudien ist (ebd.). Auch prägte Maslach später zusammen mit Leiter den Begriff des Person-Job-Mismatch (Maslach et al. 1997: S. 81f.), der bereits impliziert, dass Arbeitsbedingungen häufig nicht per se gut oder schlecht sind, sondern eine mangelnde Passung von Arbeitsumwelt und Person ausschlaggebend für das Entstehen von Burnout ist. Burisch bemängelt allerdings, dass sie „das Potenzial des Begriffs" verschenken, da „sie die Person-Komponente völlig vernachlässigen" (Burisch 2014: S. 54) und das Augenmerk zu sehr auf arbeitsimmanente Faktoren legen. Es wird daher im weiteren Verlauf dieser Arbeit als Erklärungsansatz auf das Konzept des Person-Environment-Fit aus der Stressforschung zurückgegriffen. Ghorpade et al. haben an einer großen staatlichen Universität in den USA eine Studie über den „fit between the job and the individual" durchgeführt und nachgewiesen, dass „effects of burnout are consistent in different contexts" (Ghorpade et al. 2007: S. 252). Vor dem Hintergrund sind auch die Betrachtungen von Burisch interessant, der, in Anlehnung an Fischer (Fischer 1983: S. 43 f.), Faktoren für das Entstehen von Burnout auf einem Kontinuum zwischen dem Extrem des „Selbstverbrenner[s]" und des „Opfer[s] der Umstände" einordnet (Burisch 2014: S. 56).

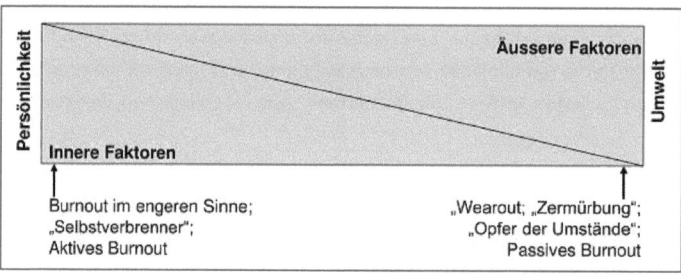

*Abbildung 1: Innere und äußere Faktoren der Burnout-Entstehung (Burisch 2014: S. 56)*

Zu unterscheiden ist demnach ein aktives Burnout der Selbstverbrennung von einem passiven Burnout, was u.a. erhebliche Implikationen für die Wahl der richtigen Behandlungsstrategie von Betroffenen in sich birgt.

Alle Betrachtungen, die bisher angestellt wurden, greifen alleine nicht weit genug und sind auch zu unspezifisch, um zu einem umfassenden Bild von Burnout im Wissenschaftsbetrieb gelangen zu können. Es wird daher im Folgenden ein integratives Modell vorgestellt, in das sich auch Spezifika des Wissenschaftsbetriebs integrieren lassen.

## 2.1. Ein integratives Modell

Als Blaupause für eine Darstellung von Burnout im Wissenschaftsbetrieb kann ein Modell fungieren, das Cherniss bereits 1980 aufgestellt hat (Cherniss 1980: S.208). Dieses Modell basiert auf einem Projekt, das innerhalb der Burnoutforschung „einmalig geblieben ist" (Burisch 2014: S. 63), was den betriebenen Aufwand und die Langfristigkeit der Perspektive anbelangt. Es ist die einzige Studie, die Ursachen und Effekte von Burnout bei ein und derselben Stichprobe über einen Zeitraum von mehr als einem Jahrzehnt aufzeigt (vgl. Cherniss 1999: S.10).

Das auf diese Weise wissenschaftlich fundierte Modell bietet den Vorteil, komplex genug zu sein, um wesentliche Aspekte der Wirklichkeit darzustellen, andererseits aber nicht zu komplex zu sein, um auf seiner Grundlage eine Operationalisierung in Form von daraus abgeleiteten Hypothesen vorzunehmen. Angesichts der eingangs gestellten forschungsleitenden Fragen bietet sich das Modell ferner an, weil es neben den Risikofaktoren auch den Aspekt des Coping berücksichtigt (vgl. ebd.) und somit eine Überleitung zu Handlungsempfehlungen ermöglicht.

Vor dem Hintergrund der zuvor angestellten Überlegungen zum Kontinuum zwischen äußeren und inneren Faktoren (vgl. Burisch 2014: S. 56) ist zu beachten, dass keiner der genannten Faktoren isoliert zu betrachten ist, sondern in der Regel ein Zusammenspiel von Arbeitsumgebung und intrapersonellen Faktoren eine Rolle spielt. Erst wenn z.B. eine geringe Widerstandskraft auf eine sehr hohe Arbeitsbelastung trifft, entsteht die subjektive Empfindung, unter Zeitdruck zu stehen. Es lässt sich argumentieren, dass alle Stress-Quellen auch eine subjektive Komponente haben

Da der Wissenschaftsbetrieb einige Besonderheiten aufweist, ist das Modell entsprechend abzuwandeln und zu erweitern. So fasst Schmidt beispielsweise in ihrer aktuellen Dissertation über Burnout bei Hochschullehrenden die Befunde aus mehreren quantitativen Studien mit Professoren/-innen an amerikanischen Universitäten zusammen (Schmidt 2017: S.49f.). Sie klassifiziert diese nach den Faktoren, die hauptsächlich in den Fokus genommen wurden: Belastende Arbeitsumgebung, Zeitdruck, karrierebezogene Stressoren, Rollenambiguität- und –konflikte, studentische soziale Stressoren und andere soziale Stressoren (vgl. ebd.).

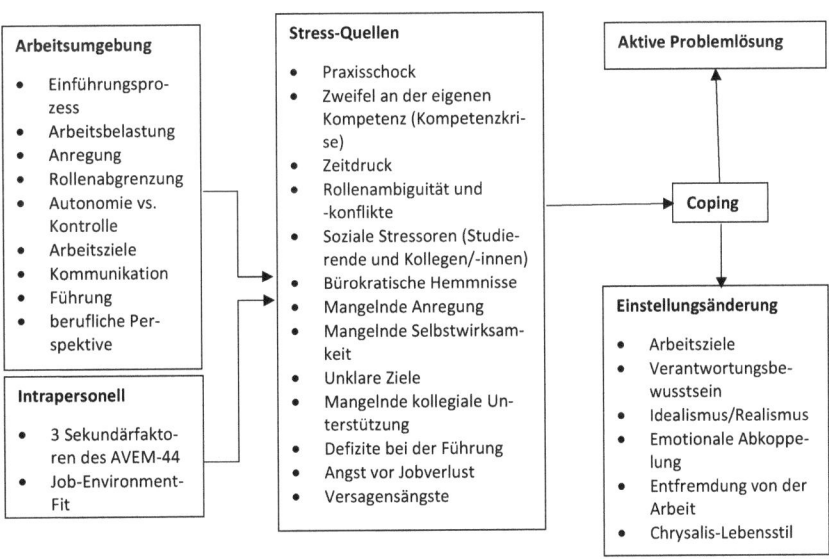

*Abbildung 2: Burnout Modell nach Cherniss (Cherniss 1980: S.208) unter Berücksichtigung von Spezifika im Wissenschaftsbetrieb nach Schmidt (Schmidt 2017: S. 49f.)*

Die im Modell genannten Faktoren sind je nach Ausprägung sowohl unter dem Aspekt der daraus potenziell erwachsenden Risiken als auch unter dem Aspekt der Prävention zu betrachten. Rothmann und Jordaan haben dazu auf Grundlage des Job Demand-Ressources (JD-R) Model (vgl. Demerouti et al. 2001: S.499) die Hypothese formuliert, dass „job ressources reduce the effects of high job demands on the work engagement of academics" (Rothmann et al. 2006: S. 88). Demnach können positive Ausprägungen bei Faktoren wie z.B. gute berufliche Perspektiven, relativ viel Autonomie und klar definierte Arbeitsziele als „job ressources" fungieren, die negative Effekte z.b. durch eine hohe Arbeitsbelastung abmildern.

## 2.2. Risiken in der Arbeitsumgebung

Anhand der Kombination von Risikofaktoren und Ressourcen ergibt sich für jeden Arbeitsplatz ein spezifisches Belastungsprofil. Im Folgenden wird eine entsprechende Einteilung gemäß des zuvor dargestellten integrativen Modells vorgenommen.

**Einführungsprozess**

Crosmer hat in ihrer Studie mit Professoren/-innen festgestellt, dass Anzeichen für Burnout eher bei jüngeren Probanden auftreten (ebd.). Cherniss bezeichnet das dahinterstehende Phänomen als Praxisschock, der häufig mit einer Kompetenzkrise einhergeht, wenn der Idealismus in einem „Gefühl [von] Inkompetenz" verloren geht und an der Stelle von Autonomie die Frage das Denken beherrscht, „wie man Fehlschläge und Demütigungen" (Cherniss 1999: S. 40f.) vermeiden kann.

Insbesondere Berufsanfänger, aber auch Mitarbeiter/-innen mit neuen Tätigkeitsfeldern können bei einem mangelhaften Einführungsprozess traumatische Misserfolge erleben. Die Narben dieser Wunden können noch viele Jahre später in Form von verminderter „Zugewandtheit und [...] Engagement" (Cherniss 1999: S.51) sichtbar sein. „Junge Professionelle", so Cherniss, „erwarten [...] immer, dass Kolleginnen und Kollegen [...] als Quelle für emotionale Unterstützung zur Verfügung stehen" (ebd.). „Besonders wertvoll" seien dabei auch „Rückmeldungen auf das, was sie [...] machen" (ebd.). Wenn dies ausbleibt, kann dadurch eine Kompetenzkrise in einen Praxisschock münden (vgl. ebd.: S. 40f.).

Einmal grundgelegte Versagensängste können demnach so fest verankert sein, dass sie auch nach vielen Jahren in einem Beruf noch das tägliche Denken und Handeln stark beeinflussen, Burnout aber „paradoxerweise einen Grund dafür [schafft,] zu bleiben", da „der zusätzliche Stress, der mit einem Wechsel verbunden wäre, unerträglich zu sein scheint" (ebd.: S. 76).

Es wird daher folgende Hypothese aufgestellt:

**Hypothese A1:** Burnout tritt bei Berufsanfängern häufiger erstmalig auf als im fortgeschrittenen Verlauf des Berufslebens. Der damit einhergehende Verlust von Idealen wirkt sich nachhaltig negativ auf den weiteren Verlauf des Berufslebens aus.

**Arbeitsbelastung**

Der von Schmidt als Risikofaktor für Burnout bei Professoren/-innen angeführte Aspekt der zu hohen Arbeitsbelastung (vgl. Schmidt 2017: S.49f.) bzw. der daraus resultierende Zeitmangel (vgl. Crosmer 2010) wird auch als Risiko für Verwaltungsmitarbeiter/-innen angenommen. Lee und Ashforth haben in ihrer Metaanalyse aufgezeigt, dass bei Burnoutstudien für unterschiedliche Berufsfelder eine hohe Arbeitsbelastung und Zeitdruck durchgehend mit sehr hohem Signifikanzniveau stark mit dem Auftreten emotionaler Erschöpfung korrelieren (Lee et al. 1996: S. 127). Die Limitation dieser Betrachtung könnte darin liegen, dass von Burnout Betroffene ein „beherrschendes subjektives Empfinden der Überlastung" entwickeln, das „einer objektiven Überprüfung im Nachhinein nicht standhält" (Müller-Timmermann 2004: S. 38). Kritisch anmerken ließe sich dazu allerdings, dass das Empfinden von Überlastung immer durch intrapersonelle Faktoren und auch durch weitere Stressoren in der Arbeitsumgebung beeinflusst wird und daher generell nie von einer „objektiven Überbelastung" (ebd.) die Rede sein sollte. Zu beachten ist ferner, dass es bei diesem Risikofaktor nicht nur um die rein quantitative Belastung, sondern auch um qualitative Aspekte wie die Heterogenität der Aufgaben (vgl. Burisch 2014: S.66) geht. Insofern korrespondiert dieser Faktor häufig mit der Rollenambiguität, die bereits als häufiger Stressor im Wissenschaftsbetrieb ins Feld geführt wurde.

Es wird folgende Hypothese formuliert:

**Hypothese A2:** Eine zu hohe Arbeitsbelastung führt bei Wissenschaftlern/-innen und in der Verwaltung häufig zu Anzeichen von Burnout.

**Anregung**

Die „demütigende Unterschätzung seiner Fähigkeiten" (ebd.: S.67) und die Routine, bei der sich das Gefühl aufdrängt „als Person überhaupt nicht mehr notwendig zu sein" (Cherniss 1999: S.50) treten insbesondere bei Menschen auf, die z.B. „während ihres Studiums [...] an intellektuelle Stimulierung" (ebd.) gewöhnt worden waren und nun feststellen müssen, dass ihre Arbeit keine solche Stimulierung mehr bietet. In der Anfangsphase des Berufslebens kann dieser Faktor mitursächlich für den von Cherniss beschriebenen Praxisschock sein.

In Positionen, bei denen eine selbstständige Arbeitsweise aufgrund der Verortung innerhalb der Hierarchie oder eines delegativen Führungsstils von Vorgesetzten kaum möglich ist, spielt u.a. die von Bandura untersuchte „self-efficacy" (Bandura 1977: S. 193) oder übersetzt Selbstwirksamkeitsüberzeugung eine Rolle. Demnach hängt die Leistungsfähigkeit eines Mitarbeiters stark davon ab, welche Einschätzung er bezüglich der eigenen Wirksamkeit innerhalb der Leistungserstellung des Unternehmens hat oder welche Erwartungen er an die Auswirkungen seines eigenen Handelns knüpft (vgl. ebd.). Wer oft das Gefühl hat, zu arbeiten, ohne dass dies etwas bewirkt, das als Erfolg bewertet werden könnte, der büßt schnell sein Arbeitsengagement ein.

Um die Relevanz einer positiven Einschätzung der Selbstwirksamkeit zu beschreiben, ist als ein weiteres Konzept das der kognitiven Evaluationstheorie nach Deci aufschlussreich, der den Unterschied zwischen extrinsischer Motivation und intrinsischer Motivation beschreibt und Auswirkungen von Belohnungen auf die Mitarbeitermotivation analysiert (vgl. Deci 1971: S. 105). Im Gegensatz zur extrinsischen Motivation liegt bei einer intrinsischen Motivation die Quelle der Motivation ausschließlich oder auch in „the activity itself" (ebd.). Deci stellt dazu fest, dass der „locus of control" und das „feeling of personal causation" (ebd.) eine wesentliche Rolle für die intrinsische Motivation spielen. Damit korrespondierend ist im Fallbeispiel für die Verwaltung davon die Rede, dass „Energie in tote Tätigkeiten" (Anhang 2) gesteckt wird und nichts zurückkommt.

Lauderdale hat postuliert, dass in öffentlichen Verwaltungen ein sog. „Chrysalis-Lebensstil" (Lauderdale 1982: S. 45) häufig vertreten sei, der eine Folge davon sein kann, dass die Motivationsquelle dauerhaft von Arbeitsinhalten abgekoppelt ist und daher keine Identifikation mit der Arbeit stattfindet. Chrysalis ist ein Begriff aus der Biologie und bezeichnet den Vorgang der Befreiung eines Schmetterlings aus seinem Kokon. Gemeint ist damit im Zusammenhang mit Burnout, dass Betroffene eine Art von Doppelleben führen, indem sie ihren Beruf bloß irgendwie aushalten, ihr eigentliches Leben aber im Privaten, z.B. in Hobbies, der Familie etc. suchen. Das dies ebenfalls zu einer Beschneidung der eigenen Lebensqualität führt und zudem die Leistungsfähigkeit und -bereitschaft im Arbeitsleben negativ beeinträchtigt, liegt dabei auf der Hand.

Für das wissenschaftliche Personal werden negative Folgen von mangelnder Anregung nicht als gleichermaßen zentral betrachtet wie für die Verwaltung. Das deckt sich mit einer Betrachtung von Bradley und Eachus, nach der „non-academic staff was less satisfied with achievement and growth than academic staff" (Bradley et al. 1995: S. 150). Es wird daher folgende Hypothese formuliert:

---

**Hypothese A3:** Monotonie und Unterforderung sind bei Personal mit überwiegend Verwaltungsaufgaben weit häufiger ursächlich für Anzeichen von Burnout als beim wissenschaftlichen Personal.

---

### Rollenabgrenzung

Es ist anzunehmen, dass im Wissenschaftsbetrieb vor allem Professoren/-innen stark von dem Konflikt betroffen sind, „der einen Aufgabe nur auf Kosten einer anderen [...] gerecht werden zu können" (Burisch 2014: S. 66). Ihr Aufgabenfeld ist sehr heterogen und die Kernaufgaben von Forschung und Lehre, auf denen u.a. die für das berufliche Erfolgsempfinden maßgebliche Reputation beruhen, drohen in der Praxis oft von ebenfalls wichtigen Aufgaben der akademischen Selbstverwaltung oder bürokratischen Hürden bei der Einwerbung von Drittmitteln ins Hintertreffen zu geraten. Ein Rollenkonflikt wird daher häufiger bei wissenschaftlichen Personal, insbesondere bei Professoren/-innen angenommen.

**Hypothese A4:** Rollenambiguität als Risiko für Burnout tritt beim wissenschaftlichen Personal häufiger auf als in der Verwaltung.

## Autonomie versus Kontrolle

Es wird sowohl für Wissenschaftler/-innen als auch für Mitarbeiter/-innen der Verwaltung angenommen, dass ein Mangel an Entscheidungsfreiräumen zu einem geringeren Arbeitsengagement und einer emotionalen Abkopplung von der Arbeit führen kann. Korrespondierend mit einer Studie von Crosmer, die in den USA über Burnoutrisiken bei Professoren/-innen geforscht hat, stehen in engen Zusammenhang damit die Aspekte der bürokratischen Hemmnisse sowie Strukturen in der institutionellen Hierarchie (vgl. Crosmer 2010).

Ein weiterer Aspekt, der im Wissenschaftsbereich eine Besonderheit darstellt, ist die gesetzlich zugesicherte Autonomie der Wissenschaft. Diese bedingt, dass Wissenschaftler im Rahmen der Selbstverwaltung Einfluss üben, insbesondere wenn es um die die Ausgestaltung von Forschung und Lehre geht. Eine durch den Gesetzgeber initiierte „Umschichtung von Steuerungsmacht von den internen Gremien zur Hochschulleitung und zum Hochschulrat", findet dabei laut Banscherus statt, ohne dass „die Artikulation von Beschäftigteninteressen in den aktuellen Reformkonzepten [...] eine Rolle spielt" (Banscherus et al. 2009: S. 41). Dies zeigt, dass auch politische Entscheidungen das interne Gefüge in Wissenschaftseinrichtungen derart beeinflussen können, dass sich dadurch Konstituenten der Arbeitsumgebung signifikant verändern und Wissenschaftler sich mit einem Verlust an Autonomie konfrontiert sehen könnten.

Es wird folgende Hypothese gebildet:

**Hypothese A5:** Einschränkungen in der Handlungsautonomie, sei es durch bürokratische Hemmnisse oder durch Weisungsgebundenheit, führen zu vermindertem Arbeitsengagement und erhöhen das Burnoutrisiko.

## Arbeitsziele

Es wird angenommen, dass klare Zielvorstellungen Orientierung bieten, während die Verunsicherung durch ein Mangel an kongruenten Zielen zu Stress führt. Unklare Ziele sind dabei nicht nur auf unteren und mittleren Ebenen der Hierarchie ein Risikofaktor, sondern stellen auch für Professoren/-innen eine Stressquelle dar, wie Crosmer in ihrer Studie nachgewiesen hat (vgl. Crosmer 2010). Es gilt daher folgende Hypothese:

**Hypothese A6:** Unklare oder konfliktträchtige Ziele führen zu erhöhtem Stress und können das Burnoutrisiko erhöhen.

## Kommunikation

Dieser Faktor sei hier weit gefasst. Gemeint ist damit sowohl die Kommunikation auf horizontaler Ebene zwischen Kolleginnen und Kollegen wie auch Aspekte des Führungsverhaltens von Vorgesetzten. Burisch argumentiert dazu, dass „ähnliche Gedankengänge wie die [...] zur Wichtigkeit von Führung und Supervision erklären, warum das Verhältnis zu Kollegen" (ebd.

S. 68) mit der Auftretenswahrscheinlichkeit von Burnout zusammenhängen. Von entscheidender Bedeutung sind dabei nach Müller-Timmermann ein Informationsfluss, der nicht „nach unten dünner" wird und eine „stabilisierende Kraft der wechselseitigen Bekräftigungen" (Müller-Timmermann 2004: S. 40), sei es durch Anerkennung von Vorgesetzten oder einer positiven Kommunikationskultur unter Kollegen/-innen. Ein wichtiger Teilaspekt von Kommunikation ist dabei auch die Frage, ob eher ein kompetitives oder ein kooperatives Miteinander das Arbeitsklima prägt. Insbesondere unter Wissenschaftlern kann von einem hohen Konkurrenzdruck ausgegangen werden, da die meiste Reputation derjenige erhält, der eine Erkenntnis zuerst gewonnen hat. Dies hat u.a. weitreichende Implikationen für die Kommunikationskultur im gesamten Wissenschaftsbetrieb.

Innerhalb der Arbeitsumgebung spielen soziale Stressoren, die nicht nur, aber vor allem aus einer dysfunktionalen Kommunikation entstehen, eine große Rolle. Es wird daher folgende Hypothese gebildet:

**Hypothese A7:** Soziale Stressoren, die vor allem aus einer dysfunktionalen Kommunikation entstehen, erhöhen das Burnoutrisiko im Wissenschaftsbetrieb erheblich.

### Führung

Das Kommunikationsverhalten von Führungskräften als wichtiger Faktor wurde bereits zuvor angeführt. Es ist allerdings unbestreitbar, dass Vorgesetzten mit Anerkennung für Geleistetes, konstruktiver Kritik und der Entlastung, „dass man bei Misserfolgen und Fehlern nicht allein und schutzlos dastehen wird" (Burisch 2014: S. 67) die Funktion einer äußerst wichtigen „Unterstützungsquelle" (ebd.) zukommt. Außerdem sollte der normative Einfluss von Führung auf das Betriebsklima nicht unterschätzt werden. Hofstede hat dazu argumentiert, dass für die Unternehmenskultur sowohl geteilte Werte (shared values) als auch geteilte Praktiken (shared practices), die größtenteils von Führungskräften vorgelebt werden, eine tragende Rolle spielen (Hofstede et al. 1990: S. 311). Eine Besonderheit im Wissenschaftsbetrieb ist dabei das Problem der häufigen Führungswechsel wegen des Prinzips der Führung auf Zeit. Es wird davon ausgegangen, dass dies die langfristige Etablierung geteilter Werte und Praktiken erschwert.

Ein weiterer Aspekt des Führungshandelns ist in der Ausprägung zu erkennen, mit der ein erhöhter Ergebnisdruck auf die Beschäftigten übertragen wird. Dieser kann z.B. entstehen, wenn die Leitung einer Forschungseinrichtung durch tiefgreifende oder häufige Strategiewechsel einen „endogenen Identitätsstress" (Greve 2015: S. 60) erzeugt. Dies kann z.B. eintreten, wenn die Positionierung im internationalen Wettbewerb stärker von der Leitung in den Fokus gerückt wird oder die Ziele im Wettbewerb um Drittmittel, z.B. im Rahmen der Exzellenzinitiative des Bundes, allzu hoch gesteckt werden. Greve wirft dazu in seiner Abhandlung über Organizational Burnout die Frage auf, „wann [...] die jeweils kleinen Quantitäten des Druckanstiegs" dazu führen, dass irgendwann „der Kessel platzt" (ebd.).

Eine andere Perspektive ist hingegen die auf Führungskräfte selbst. Besonders im mittleren Management sieht Greve erhebliche Risiken, da vom Top-Management dispositive und operative Aufgaben delegiert und Ziele gesetzt werden, an die ein hoher Erwartungsdruck gekoppelt ist (ebd.: S.38). Im Wissenschaftsbereich wären demnach z.B. Dekane/-innen bzw. Studiengangsleiter/-innen im besonderen Maße Risikogruppen. Inwieweit dies der Fall ist, hängt aber auch stark von der allgemeinen Führungskultur innerhalb der Institutionen ab. Es wird daher folgende Hypothese formuliert, die für alle Beschäftigten gleichermaßen gilt:

---

**Hypothese A8:** Der normative Einfluss von Führung spielt in Institutionen innerhalb des Wissenschaftsbetriebs eine große Rolle für das Arbeitsengagement und Burnoutrisiken.

---

**Berufliche Perspektive**

Ein weiterer Stressor, der im Wissenschaftsbetrieb sehr häufig auftritt, ist die mangelnde Karriereperspektive, bedingt durch Flaschenhalseffekte in der Wissenschaft und häufig befristete Arbeitsverhältnisse, woran auch eine Novellierung des Wissenschaftszeitvertragsgesetzes nicht viel ändern konnte. Es ist davon auszugehen, dass Perspektivlosigkeit sowohl beim wissenschaftlichen Personal als auch beim Verwaltungspersonal Ängste schürt und damit das Burnoutrisiko erhöht. Dabei scheint aber ein Punkt entscheidend: Eine als positiv empfundene berufliche Perspektive bedeutet nicht nur, einen sicheren Arbeitsplatz zu haben.

Das zweite Fallbeispiel einer Verwaltungsmitarbeiterin in der Universitätsbibliothek Mainz lenkt den Blick auf ein anderes Problem, das im Verwaltungsdienst auftritt. Die relative Sicherheit einer unbefristeten Anstellung befreit zwar von „wirtschaftlichen Nöten" (Anhang 3), kann aber zu einer Falle werden. Vash hat in ihrer wissenschaftlichen Abhandlung über Burnout in der Verwaltung einen Effekt nachgewiesen, den sie mit „Security Trap" (Vash 1980: S.24) benannt hat. Die im Allgemeinen positiv bewertete Sicherheit, die eine Festanstellung bietet, wird in dem Zusammenhang als Ursache für eine verhängnisvolle Veränderungsträgheit gesehen. Sicherheit meint dabei laut Vash vor allem „future money" (ebd.), also die Aussicht auf ein langfristig gesichertes Einkommen. Dieses führt aber dazu, dass „many people hold jobs of which they have long [...] grown weary" (ebd.: S.25). Sie geht in ihrer Argumentation sogar so weit, dass sie von einer „persistant, dominant, practical, societal brainwash" (ebd.) spricht, bei der alle Ideale und jedes kreative Potenzial einer Person in sich zusammenfallen. Wenn das soziale Umfeld häufig durch erzwungene Wechsel des Arbeitsplatzes verloren geht oder Arbeitsgebiete wegfallen, „in die man häufig viele Jahre investiert hat" (Anhang 3), dann kann das laut Vash zu einem Zustand führen, in dem das Heute kaum mehr existiert und das Leben wie ein „long, narrow, windowless [...] tunnel" (ebd.: S. 26) ganz darauf ausgerichtet ist, bloß noch zu funktionieren, um nicht das trügerische Gerüst zu gefährden, auf dem das zukünftige Leben einmal stattfinden soll.

Im Fallbeispiel 1 werden mit dem „Hierarchiegefälle" und „wechselnde[n] Vorgesetzten[n]" (Anhang 2) noch weitere Risiken erwähnt, die vor allem struktureller Natur sind. Es existieren, anders als z.B. in Konzernbetrieben, kaum Karrierepfade, die horizontal oder vertikal durch die gesamte Hierarchie des Unternehmens verlaufen. Es besteht keine lineare hierarchische Struktur mit hoher Durchlässigkeit. In einer ersten Grobeinteilung wird auf der einen Seite der Verwaltungsapparat sichtbar und auf der anderen Seite der Komplex der Lehre und Forschung. Die im Grundgesetz verankerte Autonomie der Wissenschaft bringt es zudem mit sich, dass Hochschulen in ihren Strukturen verhältnismäßig stark dezentralisiert sind und der Selbstverwaltung von Fachbereichen eine wichtige Rolle zukommt. Für Mitarbeiter/-innen der Verwaltung in einem peripheren Bereich einer Universität, z.B. in einem Fachbereich oder einer Fakultät, ist auch deshalb die berufliche Veränderung nur in beschränktem Maße möglich. Die mangelnden Möglichkeiten für Verwaltungsangestellte, über die „Entgeltgruppe 8/9 hinauszukommen" (Anhang 2), resultieren dabei aus diesen internen Barrieren und tarifrechtlichen Beschränkungen.

Es soll daher folgende Hypothese formuliert werden, wobei der Begriff der Perspektivlosigkeit in seiner ganzen Vielschichtigkeit aus mangelnden Übernahmeaussichten und mangelnden Aufstiegs/- bzw. Veränderungsmöglichkeiten zu verstehen ist.

**Hypothese A9:** Perspektivlosigkeit schürt sowohl bei wissenschaftlichen Personal als auch bei Verwaltungsmitarbeitern Ängste und Frustration und erhöhen das Burnoutrisiko.

## 2.3.  Intrapersonelle Faktoren

Warum jemand an Burnout erkrankt, während jemand anderes im gleichen Arbeitsumfeld nicht erkrankt, ist eine entscheidende Frage, die sich im Zusammenhang mit dem Auftreten von Burnout immer stellt. Auch das Beispiel des Professors auf Probe aus dem vorangegangenen Kapitel macht deutlich, dass es teilweise in der Persönlichkeitsstruktur verankert ist, ob z.B. „jede Anstrengung bis zur physischen Selbstvernichtung unternommen [wird], um das endgültige Scheitern zu verhindern" (Burisch 2014: S. 55). Es sei dabei auch an das bereits genannte Konzept des Selbstverbrenners erinnert.

Im Hinblick auf Ursachen, die innerhalb der Person liegen, die an Burnout erkrankt, ist auch entscheidend, inwieweit die Person zu dem Job passt, den sie ausübt. Dabei können sowohl die individuelle Prädisposition wie auch die Eignung z.B. auf der Grundlage des Ausbildungshintergrundes eine Rolle spielen. Erhellend dazu ist die bereits genannte Studie von Ghorpade et al., die den Zusammenhang zwischen Burnout und Persönlichkeit an Mitarbeiter/-innen einer Universität nachgewiesen haben (vgl. Ghorpade et al. 2007: S. 252 f.).

Im Kern der Betrachtungen über intrapersonelle Risiken stehen in dieser Arbeit die Faktoren, die sich aus theoretischen Annahmen hinter dem standardisierten Erhebungsinstrument AVEM-44 ergeben (vgl. Schaarschmidt u. Fischer 2016). Dieses stellt einen wesentlichen Teil des Instrumentariums der empirischen Maßnahme dieser Arbeit dar. Die Grundannahmen des AVEM-44 über die gesundheitsgefährdenden Auswirkungen der Faktoren basieren auf einer Eichstichprobe von 2499 Probanden/-innen. Da intrapersonelle Faktoren abgefragt werden, kann davon ausgegangen werden, dass die Annahmen hinter dem AVEM-44 für alle Berufsgruppen etwa in gleichem Maße gelten. Die hohe Reliabilität des AVEM-44 hat sich in lang-jähriger Forschungspraxis innerhalb einer Vielzahl von Berufsgruppen gezeigt. Es werden daher keine eigenen Hypothesen aufgestellt. Vielmehr werden bei der Auswertung der empiri-schen Maßnahme die Grundannahmen des AVEM-44 teils als erklärende Variablen oder zur Einschätzung gesundheitlicher Risiken fungieren.

Zunächst wird im Folgenden das bereits benannte Konzept des Person-Environment-Fit aus der Stressforschung als ein wesentlicher Faktor herangezogen, der im AVEM-44 nicht unmit-telbar abgefragt wird. Im Anschluss daran erfolgt dann die nähere Betrachtung der intrapersonellen Faktoren, die beim AVEM-44 im Fokus stehen.

### 2.3.1. Person-Environment-Fit

Es wurde bereits mehrfach argumentiert, dass eine unrealistische oder zu hoch gesteckte Erwartungshaltung Burnoutrisiken bedingt, die noch verstärkt werden, wenn das Leben zu einseitig auf die Karriere ausgerichtet ist oder die Karriereorientierung nicht zur Persönlichkeit passt. Im Zusammenhang mit der Berufswahl von Verwaltungsangestellten hat Vash angeführt, dass „the majority of administrators [...] did not start out to be administrators" und „they never planned, hoped or even thought about being administrators" (Vash 1980: S.48). Vielmehr seien viele dort gestrandet, weil ihre „dreams of glory" (ebd.: S.49) nicht Realität wurden. Dies gilt mit Sicherheit nicht im gleichen Maße für wissenschaftliches Personal. Den-noch kann auch dort eine Karriereorientierung vorliegen, die nicht zur Persönlichkeit passt. Es wird daher folgende allgemeine Hypothese gebildet:

**Hypothese P1:** Eine nicht zur Persönlichkeit passende Karriereorientierung verstärkt das Ri-siko für Burnout erheblich.

### 2.3.2. Der AVEM-44

Die 44 Items des AVEM lassen sich zu 11 Dimensionen verdichten, die sich wiederum weiter zu 3 Sekundärfaktoren aggregieren lassen:

**Faktor 1: Arbeitsengagement**
- Subjektive Bedeutsamkeit der Arbeit
- Beruflicher Ehrgeiz
- Verausgabungsbereitschaft
- Perfektionsstreben
- Distanzierungsfähigkeit

**Faktor 2: Widerstandsfähigkeit**
- Resignationstendenz
- Offensive Problembewältigung
- Innere Ruhe

**Faktor 3: Lebensgefühl**
- Erfolgserleben im Beruf
- Lebenszufriedenheit
- Erleben sozialer Unterstützung

*Tabelle 3: Die Faktorenstruktur des AVEM-44*

Es ist zu erkennen, dass die drei Sekundärfaktoren miteinander korrelieren und ein umfassendes Bild ergeben, das von allen Lebensbereichen außerhalb und innerhalb der Arbeitswelt sowohl tangiert wird als auch reziprok diese stark beeinflusst.

## 1. Sekundärfaktor des AVEM-44 (Arbeitsengagement)

Der erste Sekundärfaktor des AVEM-44 umfasst die Dimensionen subjektive Bedeutsamkeit der Arbeit, beruflicher Ehrgeiz, Verausgabungsbereitschaft, Perfektionsstreben und Distanzierungsfähigkeit. Es werden darin folglich Merkmale zusammengefasst, „in denen das Arbeitsengagement zum Ausdruck kommt" (Schaarschmidt u. Fischer 1996: S.8). Es wird dazu angenommen, dass Arbeitsengagement bis zu einem bestimmten Grad und wenn es im Verhältnis zu „persönlichen Schwerpunktsetzungen" (ebd.) steht eher gesundheitsfördernd ist. Das Ideal liegt nach Schaarschmidt und Fischer dann vor, wenn eine hohe subjektive Bedeutsamkeit der Arbeit mit einer nicht exzessiven Verausgabungsbereitschaft und besonders einer hohen Distanzierungsfähigkeit einhergeht (vgl. ebd.).

## 2. Sekundärfaktor des AVEM-44 (Widerstandsfähigkeit)

Der zweite Sekundärfaktor des AVEM-44 umfasst die Dimensionen Resignationstendenz bei Misserfolg, offensive Problembewältigung, innere Ruhe und Ausgeglichenheit. Darin zum Ausdruck kommen im Wesentlichen die persönliche Widerstandsfähigkeit und das Bewältigungsverhalten des Einzelnen (vgl. ebd: S. 9). Eine wesentliche Grundannahme hinter dem AVEM-44 ist dabei, dass das subjektive Empfinden der Fähigkeit, Probleme lösen zu können, bei positiver Ausprägung das Risiko erheblich vermindert, an Burnout zu erkranken.

## 3. Sekundärfaktor des AVEM-44 (Lebensgefühl)

Der dritte Sekundärfaktor des AVEM-44 umfasst die Dimensionen Erfolgserleben im Beruf, Lebenszufriedenheit, Erleben sozialer Unterstützung. Darin kommen „in sehr unmittelbarer Weise Gesundheitsaspekte zum Ausdruck" (ebd.). Eine besondere Relevanz wird in der jüngeren Burnoutforschung dem Aspekt der sozialen Unterstützung beigemessen (vgl. ebd). Eine wesentliche Grundannahme hinter dem AVEM-44 ist dabei, dass ein intaktes soziales Umfeld und Rückhalt außerhalb der Arbeit das Burnoutrisiko erheblich verringern.

## Referenzmuster des AVEM-44

Der AVEM-44 bietet als Hilfestellung zur Beurteilung gesundheitlicher Risiken 4 Referenzmuster an, die auf einer Stichprobe von etwa 2500 Probanden basieren. Demnach lassen sich die Probanden entsprechend ihrer Ausprägungen in den Sekundärfaktoren einordnen.

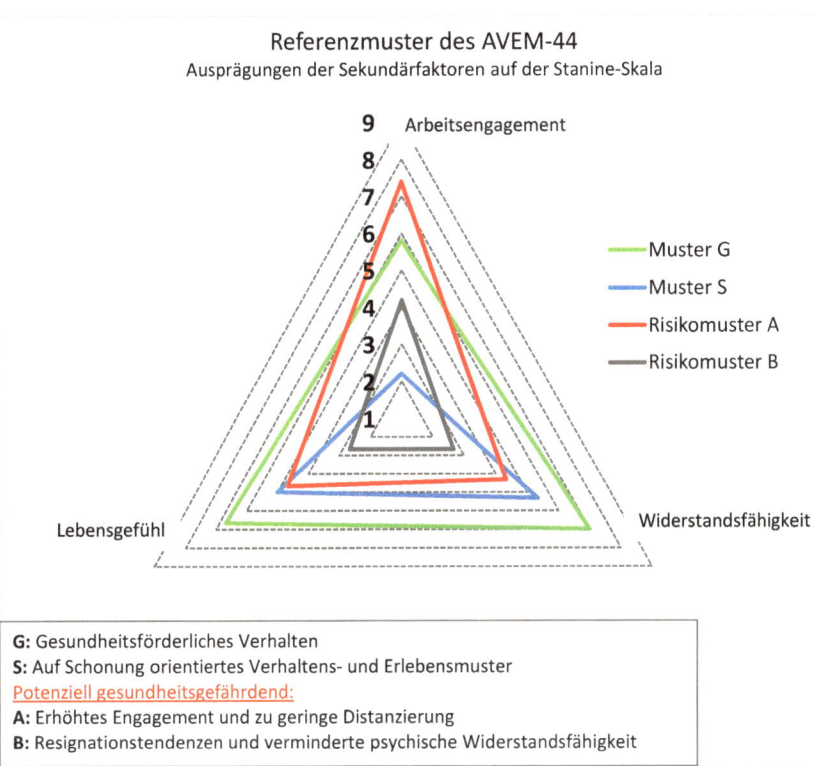

**Referenzmuster des AVEM-44**
Ausprägungen der Sekundärfaktoren auf der Stanine-Skala

Arbeitsengagement

— Muster G
— Muster S
— Risikomuster A
— Risikomuster B

Lebensgefühl

Widerstandsfähigkeit

**G:** Gesundheitsförderliches Verhalten
**S:** Auf Schonung orientiertes Verhaltens- und Erlebensmuster
Potenziell gesundheitsgefährdend:
**A:** Erhöhtes Engagement und zu geringe Distanzierung
**B:** Resignationstendenzen und verminderte psychische Widerstandsfähigkeit

*Abbildung 3: Die Referenzmuster des AVEM-44*

Für die Einordnung werden die Skalenwerte anhand der Stanine-Skala normiert. Es wird differenziert in gesundheitsförderndes Verhalten, auf Schonung orientiertes Verhalten sowie zwei potenziell gesundheitsgefährdende Verhaltens- und Erlebensmuster (resignativ oder mit stark erhöhtem Engagement).

## 3. Empirische Studie

Die quantitative Maßnahme in Form einer Onlinebefragung wurde im Zeitraum vom 01.02.2018 bis zum 25.02.2018 durchgeführt. Es wurden dafür potenzielle Probanden per E-Mail angeschrieben, wobei darum gebeten wurde, den Link möglichst breit in der eigenen Einrichtung zu streuen. Dadurch, dass einige Probanden so als Multiplikatoren gewonnen wurden, konnte der Radius der Erhebung deutlich vergrößert werden. Die nun vorliegende Datenbasis bildet einen Querschnitt durch universitäre und außeruniversitäre Institutionen des gesamten Bundesgebiets. Es kann dabei angesichts der Größe der Stichprobe kein Anspruch auf ein Höchstmaß an Reliabilität erhoben werden. Der Rücklauf erlaubt aber Aussagen, mit denen Tendenzen im Wissenschaftsbetrieb aufgezeigt werden können. Die quantitative Analyse wird von zwei Fallbeispielen lanciert (Anhänge 2 und 3), wodurch einige der aufgezeigten Tendenzen lebens- und praxisnah illustriert werden sollen.

## 3.1. Die Stichprobe

Für die Studie wurden nur solche Rückläufe berücksichtigt, bei denen mindestens 75% der Fragen des Onlinefragebogens beantwortet wurden. Im Folgenden werden einige wesentliche Details zur Stichprobe aufgezeigt.

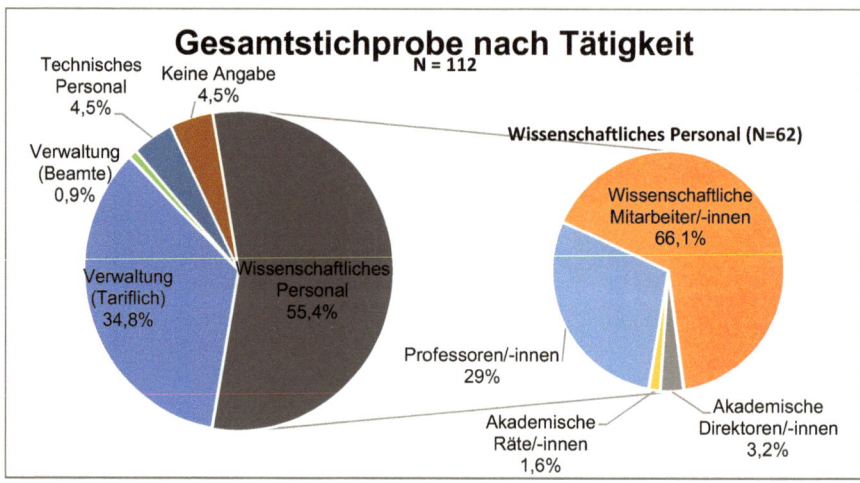

Abbildung 4: Gesamtstichprobe nach Tätigkeit der Probanden

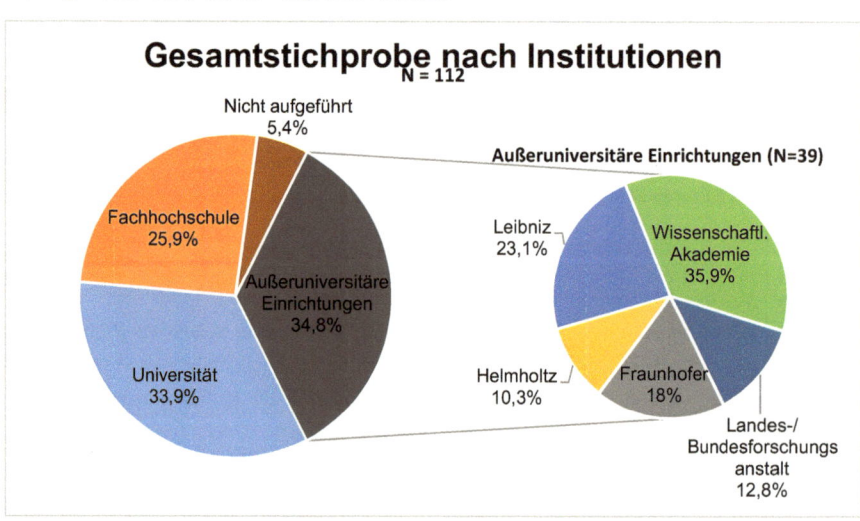

Abbildung 5: Gesamtstichprobe nach Institutionen, in denen die Probanden tätig sind

24

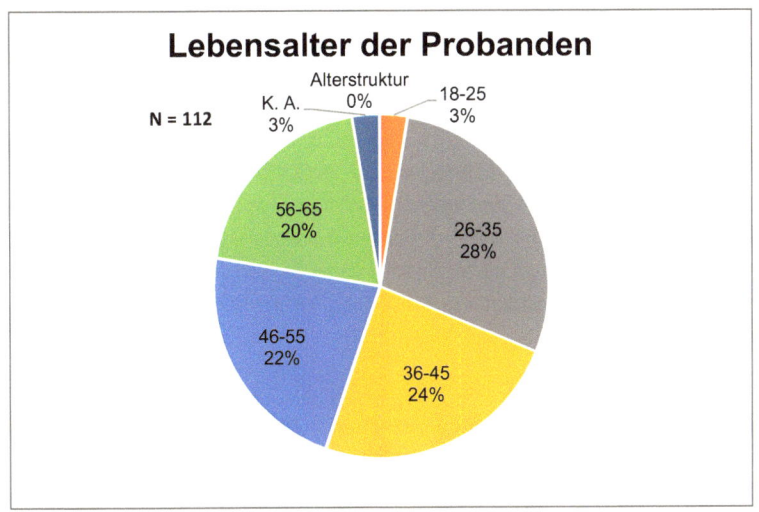

*Abbildung 6: Lebensalter der Probanden (in Jahren)*

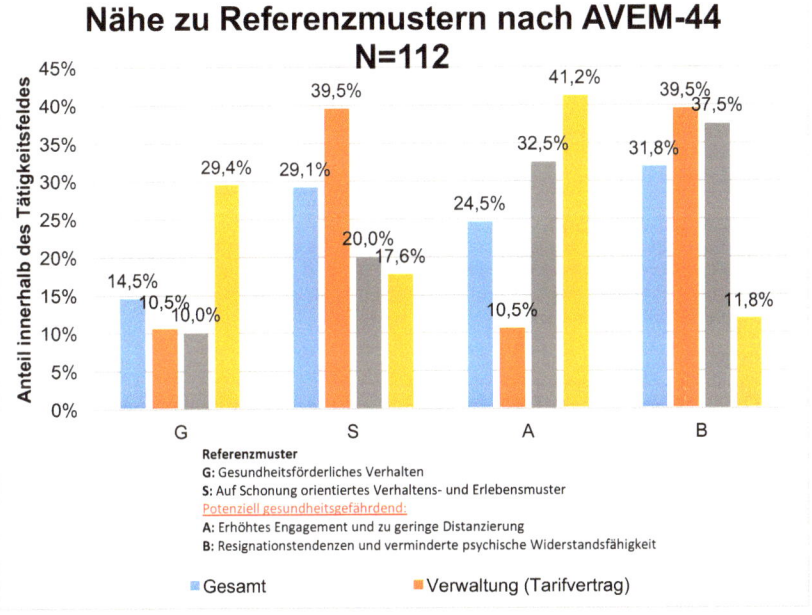

*Abbildung 7: Verteilung der Häufigkeiten nach Nähe zu den Referenzmustern des AVEM-44*

Die Verteilung der Häufigkeiten in der Stichprobe zeigt, dass 56,3% der gesamten Stichprobe am ehesten eine Nähe zu Referenzmustern mit einem potenziell gesundheitsgefährdenden Verhaltens- und Erlebensmuster aufweisen. Ermittelt wurde die Nähe zum Referenzmuster anhand einer Korrelationsanalyse nach Pearson, bei der die 11 Dimensionen des AVEM-44 für jeden Probanden mit den Ausprägungen der Referenzmuster verglichen wurden. Dabei ist zu beachten, dass die Zuordnungen zu Referenzmustern nur Tendenzen erkennen lassen und noch nicht bedeuten, dass akute Burnoutrisiken vorliegen.

Erhebliche Unterschiede zeigen sich beim Vergleich der Tätigkeitsfelder. Besonders augenfällig ist dabei der Unterschied zwischen wissenschaftlichem Personal und Verwaltungspersonal beim erhöhtem Engagement und dem auf Schonung orientierten Erlebens- und Verhaltensmuster. Im Folgenden werden für diese zunächst grobe Tendenz mit einem höheren Detailierungsgrad Anhaltspunkte identifiziert, indem die einzelnen Hypothesen in Betracht genommen werden.

## 3.2. Revision der Hypothesen

Popper hat postuliert, dass „jeder Lösungsversuch, jede Theorie" auf den Prüfstand zu stellen sei und dem Versuch, sie zu „widerlegen oder zu falsifizieren" (Popper 2012: S.26) standhalten müsse. Auf der Grundlage des integrativen Modells nach Cherniss wurden daher zuerst Hypothesen aufgestellt. Dadurch wird einerseits eine Anschlussfähigkeit zu dem hergestellt, was als Stand der Forschung gilt und es werden die in dieser Arbeit gestellten forschungsleitenden Fragen weiter konkretisiert. Die empirischen Fragestellungen im Folgenden sollen dazu dienen, den Gehalt der Hypothesen zu überprüfen.

### 3.2.1. Hypothese A1/Einführungsprozess

Burnout tritt bei Berufsanfängern häufiger erstmalig auf als im fortgeschrittenen Verlauf des Berufslebens. Der damit einhergehende Verlust von Idealen wirkt sich nachhaltig negativ auf den weiteren Verlauf des Berufslebens aus.

Empirische Fragestellungen:
- Als ich hier angefangen habe zu arbeiten, hatte ich noch Ideale, die sind mir aber mittlerweile verlorengegangen (Item HA1_01).
- Als ich hier angefangen habe zu arbeiten, hatte ich oft das Gefühl, mit meinen Arbeitsproblemen alleine dazustehen (Item HA1_02).

Auswertung:

| Korrelationen nach Pearson N=112 | HA1_01 | HA1_02 | Alter | Lebens-gefühl (AVEM) | Arbeitsenga-gement (AVEM) | Widerstands-fähigkeit (AVEM) |
|---|---|---|---|---|---|---|
| HA1_01 | 1 | ,188* | ,014 | -,178 | ,095 | -,197* |
| HA1_02 | ,188* | 1 | ,084 | -,132 | ,139 | ,023 |
| Alter | ,014 | ,084 | 1 | ,175 | -,016 | ,077 |
| *. Die Korrelation ist auf dem Niveau von 0,05 (2-seitig) signifikant. | | | | | | |
| **. Die Korrelation ist auf dem Niveau von 0,01 (2-seitig) signifikant. | | | | | | |

Tabelle 4: Alter und Einführungsprozess

Die Korrelationsanalyse gibt kaum Hinweise darauf, dass bei den Probanden das Burnoutrisiko vom Alter oder vom Einführungsprozess abhängig ist. Kein Sekundärfaktor des AVEM korreliert auf signifikantem Niveau mit dem Alter. Lediglich die signifikante Korrelation zwischen den beiden empirischen Fragestellungen nach dem Verlust von Idealen (HA1_01) und nach einem unzureichenden Einführungsprozess (HA1_02) könnte ein Indiz dafür sein, dass ein Praxisschock zu Beginn der beruflichen Laufbahn langfristige Auswirkungen haben kann. Es bestehen ferner Anzeichen dafür, dass ein Zusammenhang zwischen dem Verlust von Idealen in der Anfangsphase der Karriere und einer niedrigeren Widerstandsfähigkeit besteht. Insgesamt ist die Datenlage jedoch kaum ausreichend, um Hypothese A1 zu bestätigen.

### 3.2.2. Hypothese A2/Arbeitsbelastung

Eine zu hohe Arbeitsbelastung führt bei Wissenschaftlern/-innen und in der Verwaltung häufig zu Anzeichen von Burnout.

Empirische Fragestellungen:
- Oft ist mir bei der Arbeit einfach alles viel zu viel (Item HA2_01).
- Fast alles, was ich tue, geschieht unter Zeitdruck (Item HA2_02).

Auswertung:

| Korrelation nach Pearson N=112 | Lebensgefühl (AVEM) | Arbeitsengagement (AVEM) | Widerstandsfähig- keit (AVEM) | HA2_01 |
|---|---|---|---|---|
| HA2_01 | -,165 | ,312** | -,229* | 1 |
| HA2_02 | -,008 | ,233* | -,005 | ,545** |
| *. Die Korrelation ist auf dem Niveau von 0,05 (2-seitig) signifikant. | | | | |
| **. Die Korrelation ist auf dem Niveau von 0,01 (2-seitig) signifikant. | | | | |

Tabelle 5: Arbeitsbelastung und Zeitdruck als Risikofaktoren

Es überrascht nicht, dass ein starker Zusammenhang zwischen dem Gefühl, dass bei der Arbeit häufig alles zu viel wird (HA2_01), Zeitdruck (HA2_02) und dem AVEM-Sekundärfaktor des Arbeitsengagements besteht. Es wird zudem ersichtlich, dass ein wechselseitiger Zusammenhang zwischen Arbeitsüberlastung und dem Sekundärfaktor der Widerstandsfähigkeit besteht. Wer häufig an die eigene Belastungsgrenze geht, ist naturgemäß einem höheren Risiko ausgesetzt, an Burnout zu erkranken.

Interessanter ist nun die Betrachtung, in welchen Tätigkeitsfeldern das Risiko durch zu hohe Arbeitsbelastung besonders hoch ist.

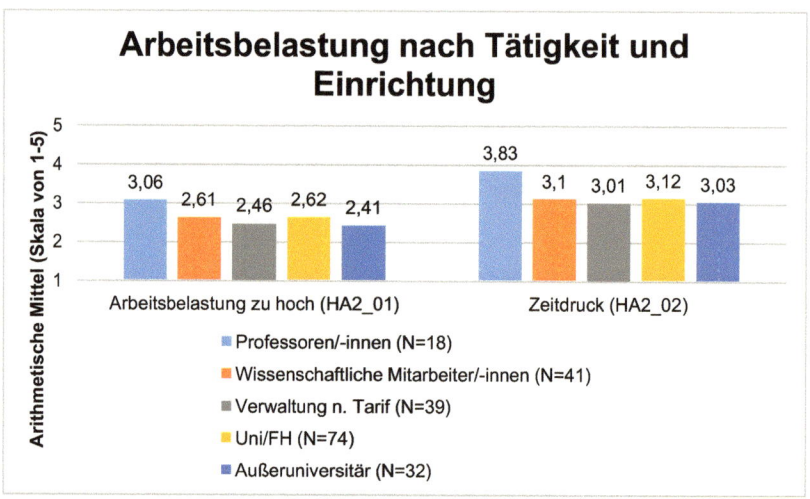

**Arbeitsbelastung nach Tätigkeit und Einrichtung**

*Abbildung 8: Arbeitsbelastung und Zeitdruck nach Tätigkeitsfeldern und Institutionen*

Die Abbildung veranschaulicht die Unterschiede im Empfinden, dass die Arbeitsbelastung zu hoch ist und alles immer unter Zeitdruck geschieht. Eklatant sind dabei Unterschiede zwischen Professoren/-innen und dem Rest der Stichprobe. So war die Zustimmung zu den Items HA2_01 und HA2_02 in diesem Tätigkeitsfeld deutlich am stärksten ausgeprägt. Unterschiede zwischen dem universitären und dem außeruniversitären Bereich zeigen sich hingegen kaum.

### 3.2.3. Hypothese A3/Anregung

Monotonie und Unterforderung sind bei Personal mit überwiegend Verwaltungsaufgaben weit häufiger ursächlich für Anzeichen von Burnout als beim wissenschaftlichen Personal.

Empirische Fragestellungen:
- Ich habe oft das Gefühl, hinter meinen Möglichkeiten zurückzubleiben (HA3_01).
- Meine Arbeit langweilt mich meistens (HA3_02).
- Mein eigentliches Leben findet außerhalb der Arbeit statt (HA3_03).

Auswertung:

In Fallbeispiel 1 konstatiert eine Verwaltungsmitarbeiterin: „Durch die Routine-Arbeiten, und die inhaltlich oft wenig anspruchsvolle Arbeit in den Sekretariaten sind die Kolleginnen unterfordert, sie boren-out. Wir sind mit immer wiederkehrenden Fragen und Vorgängen konfrontiert, die uns nicht mehr fordern" (Anhang 2). Das erwähnte Boreoutsyndrom ist ein 2007 von Rothlin und Werder als „Gegenteil des Burnout" (Rothlin et al. 2014: S.21) kreierter Begriff. Er ist in der wissenschaftlichen Literatur wenig gebräuchlich, da alle Ursachen und Symptome für Boreout bereits sehr viel früher als Teilaspekte oder Manifestationen von Burnout beschrieben wurden.

Nun soll zunächst auf Grundlage der gesamten Stichprobe untersucht werden, welche Relevanz Monotonie und Unterforderung im Hinblick auf Burnoutrisiken haben.

| Korrelationen nach Pearson N=112 | Lebenszufriedenheit (AVEM) | Erfolgserleben im Beruf (AVEM) | Resignationstendenz (AVEM) |
|---|---|---|---|
| HA3_01 | -,332** | -,135 | ,047 |
| HA3_02 | -,243** | -,307** | ,212* |
| HA3_03 | -,168 | -,278** | ,112 |
| Erfolgserleben im Beruf | ,507** | 1 | -,121 |
| **. Die Korrelation ist auf dem Niveau von 0,01 (2-seitig) signifikant. | | | |
| *. Die Korrelation ist auf dem Niveau von 0,05 (2-seitig) signifikant. | | | |

*Tabelle 6: Korrelationen zwischen Items zur Monotonie und Dimensionen des AVEM*

Augenfällig ist, dass die Lebenszufriedenheit in sehr hohem Maße mit dem Erfolgserleben im Beruf korreliert. Das ist zunächst kaum überraschend. Interessant ist vor dem Hintergrund aber, dass kein signifikanter Zusammenhang zwischen der Lebenszufriedenheit und einem Chrysalis-Lebenstil, bei dem das eigentliche Leben außerhalb der Arbeit stattfindet (HA3_03), herzustellen ist. Das deutet darauf hin, dass Probanden, die hohe Erwartungen mit ihrer Arbeit verbinden, sehr unter einem mangelnden Erfolgserleben im Beruf leiden, während Probanden, die sich mit geringen Erfolgsaussichten abgefunden haben, sich offenbar weit besser damit arrangieren können. Dass unerfüllte Erwartungen an sich selbst (HA3_01) sowie wenig anregende Arbeitsinhalte (HA3_02) negativ mit dem Erfolgserleben im Beruf sowie mit der Lebenszufriedenheit korrelieren, entspricht den Erwartungen.

Bei dieser Hypothese ist, auch angesichts des Zitats der Verwaltungsmitarbeiterin, erneut eine Betrachtung nach Tätigkeitsfeldern besonders aufschlussreich.

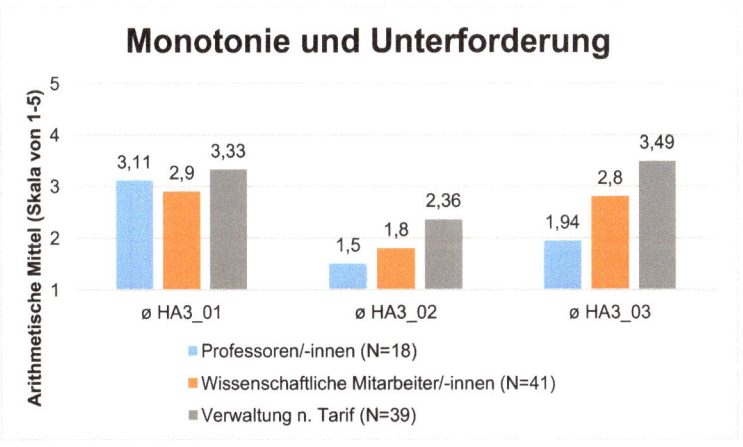

*Abbildung 9: Monotonie und Unterforderung nach Tätigkeitsfeldern*

Das Gefühl, oft hinter den eigenen Möglichkeiten zurückzubleiben (HA3_01), ist im Tätigkeitsbereich Verwaltung zwar höher als bei Wissenschaftlern/-innen, aber der Unterschied fällt nicht so gravierend aus, wie es vielleicht zu erwarten gewesen wäre. Bei Professoren/-innen hängt die starke Zustimmung auf diese Frage vermutlich eng zusammen mit dem hohen Zeitdruck (vgl. Hypothese A2) und der Tatsache, dass von 18 Probanden 5 angegeben haben, dass der Verwaltungsanteil an ihrer Arbeit bei 41-60% liegt und der gesamte Rest einen Anteil von immerhin noch 21-40% angegeben hat. Bei Professoren/-innen, die ihren beruflichen Erfolg überwiegend über Erfolge in der Forschung definieren, führt die hohe Belastung mit Aufgaben außerhalb der Forschung offenbar in erheblichen Maße zu Verdruss.

Sehr viel größer ist die Spreizung der Mittelwerte bei den Fragen, ob die Arbeit meist langweilt (HA3_02) und ob das eigentliche Leben außerhalb der Arbeit stattfindet (HA3_03). Hier zeigen sich erwartungsgemäß sehr viel höhere Mittelwerte beim Verwaltungspersonal. Professoren/-innen sind demnach am wenigsten von ihrer Tätigkeit gelangweilt und sehen ihr eigentliches Leben weit seltener außerhalb der Arbeit.

### 3.2.4. Hypothese A4/Rollenabgrenzung

Rollenambiguität als Risiko für Burnout tritt beim wissenschaftlichen Personal häufiger auf als in der Verwaltung.

Empirische Fragestellungen:
- Ich habe das Gefühl, dass immer Bereiche meines Aufgabengebietes zu kurz kommen (HA4_01).
- Mir fällt es manchmal schwer, alle Aspekte meiner Arbeit unter einen Hut zu bringen (HA4_02).

Auswertung:

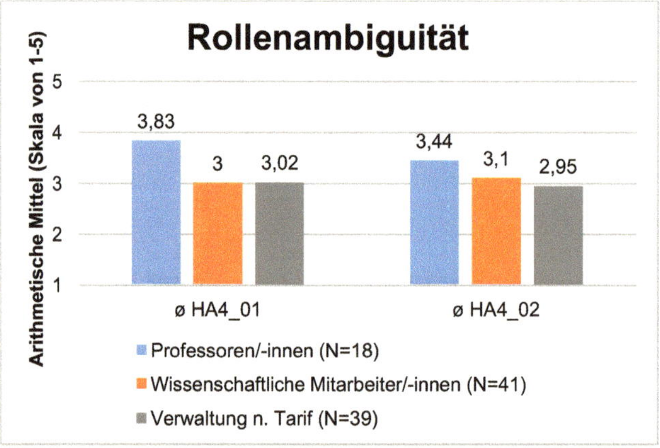

*Abbildung 10: Rollenambiguität nach Tätigkeitsbereichen*

Das Ergebnis der Befragung zeigt, dass auch bei der Verwaltungstätigkeit der Eindruck stark ausgeprägt ist, dass Bereiche des Aufgabengebietes zu kurz kommen (HA4_01) und nicht alle Aspekte der Arbeit gut miteinander vereinbar sind (HA4_02). Bei Professoren/-innen scheint ist dies aber erwartungsgemäß eine noch größere Schwierigkeit, was vermutlich in einer höheren Heterogenität der Aufgaben im Spannungsfeld zwischen Lehre, Forschung, Verwaltungsaufgaben und Transfer begründet liegt.

## 3.2.5. Hypothese A5/Autonomie

Einschränkungen in der Handlungsautonomie, sei es durch bürokratische Hemmnisse oder durch Weisungsgebundenheit, führen zu verminderten Arbeitsengagement und erhöhen das Burnoutrisiko.

Empirische Fragestellungen:
- Ich fühle mich durch Vorschriften und Vorgaben in meiner Arbeit stark eingeengt (HA5_01).
- Ich würde mir bei der Arbeit mehr Entscheidungsfreiraum wünschen (HA5_02).

Auswertung:

| Korrelationen nach Pearson N=112 | Arbeitsengagement (AVEM) | Distanzierungsfähigkeit (AVEM) | Erfolgserleben im Beruf (AVEM) | Lebenszufriedenheit (AVEM) |
|---|---|---|---|---|
| HA5_01 | ,146 | -,197* | ,116 | -,062 |
| HA5_02 | ,080 | -,056 | -,205* | -,244** |

**. Die Korrelation ist auf dem Niveau von 0,01 (2-seitig) signifikant.

*. Die Korrelation ist auf dem Niveau von 0,05 (2-seitig) signifikant.

*Tabelle 7: Der Einfluss von mangelnder Autarkie und mangelndem Entscheidungsfreiraum*

Die Hypothese kann mit den Daten aus der Erhebung nicht gestützt werden. Weder eine zu starke Einengung durch Vorschriften und Vorgaben (HA5_01) noch ein mangelnder Entscheidungsfreiraum (HA5_02) korreliert auf signifikanten Niveau mit dem Sekundärfaktor Arbeitsengagement des AVEM. Auch auf der Ebene der weniger verdichteten Dimensionen des AVEM wie der subjektiven Bedeutsamkeit der Arbeit oder dem beruflichen Ehrgeiz wird kein Zusammenhang erkennbar. Bei der wechselseitigen Korrelation zwischen Distanzierungsfähigkeit und dem Gefühl, durch Vorschriften zu sehr eingeengt zu sein, liegt es nahe, dass die Kausalkette eher bei der mangelnden Distanzierungsfähigkeit beginnt als umgekehrt. So erscheint es plausibel, dass Probanden mit geringerer Distanzierungsfähigkeit sich eher eingeengt fühlen, wenn sie mit Vorschriften und Vorgaben konfrontiert werden. Es werden aber Indizien dafür erkennbar, dass ein empfundener Mangel an Entscheidungsfreiraum sich negativ auf das Erfolgserleben im Beruf und die Lebenszufriedenheit auswirkt. Wenn keine zufällige Koinzidenz vorliegt, bei der andere, nicht berücksichtigte Faktoren eine wichtigere Rolle spielen, dann kann argumentiert werden, dass mit mangelnder Autonomie ein erhöhtes Burnoutrisiko einhergeht. Das Ergebnis stützt zudem die Theorie, nach der das Empfinden der Wirksamkeit des eigenen Handelns einen hohen Einfluss darauf hat, ob Arbeitsergebnisse als persönlicher Erfolg gewertet werden oder nicht (vgl. Bandura 1977: S. 193).

## 3.2.6. Hypothese A6/Ziele

Unklare oder konfliktträchtige Ziele führen zu erhöhtem Stress und können das Burnoutrisiko erhöhen.

Empirische Fragestellungen:
- Zielvorgaben für meinen Arbeitsbereich sind klar (HA6_01).
- Ich erhalte manchmal Zielvorgaben für meine Arbeit, die nicht miteinander vereinbar sind (HA6_02).

Auswertung:

| Korrelation nach Pearson (N=112) | Distanzierungsfähigkeit (AVEM) | Innere Ruhe (AVEM) |
|---|---|---|
| HA6_01 | ,206* | ,104 |
| HA6_02 | -,072 | -,189* |

*. Die Korrelation ist auf dem Niveau von 0,05 (2-seitig) signifikant.

Tabelle 8: Unklare oder unvereinbare Zielvorgaben als Stressoren

Die Korrelationen deuten darauf hin, dass klare Zielvorgaben (HA6_01) es Mitarbeiter/-innen erleichtern, eine gesundheitsfördernde Distanz zu wahren, während Ziele, die in einem komplementären Verhältnis zueinander stehen (HA6_02) zu Stressoren werden können. Die Evidenz ist allerdings nicht so stark ausgeprägt wie erwartet. Dies deutet erneut darauf hin, dass monokausale Erklärungsansätze nicht weit genug greifen. So kann es beispielsweise sein, dass es bei einigen Probanden zwar unklare Zielvorgaben gibt, womit durchaus ein höherer Stresslevel verbunden sein kann, dass aber ansonsten ein gutes Arbeitsklima herrscht. Nach dem Job Demand-Ressources (JD-R) Model (vgl. Demerouti et al. 2001: S.499) können negative Einflussfaktoren durch positive Faktoren teilweise kompensiert werden, sodass der Einfluss einzelner Faktoren oft nur schwer nachzuweisen ist.

3.2.7. Hypothese A7/Kommunikation

Soziale Stressoren, die vor allem aus einer dysfunktionalen Kommunikation entstehen, erhöhen das Burnoutrisiko im Wissenschaftsbetrieb erheblich.

Empirische Fragestellungen:
- Ich würde mir wünschen, dass die Menschen in meinem Arbeitsumfeld sich dankbarer zeigen für das, was ich für sie tue (HA7_01).
- In meinem Arbeitsumfeld herrscht ein hoher Konkurrenzdruck (HA7_02).
- Ich erhalte ausreichend Feedback zu dem, was ich tue (HA7_03).

Auswertung:

| Korrelationen nach Pearson (N=112) | Beruflicher Ehrgeiz (AVEM) | Verausgabungsbereitschaft (AVEM) | Distanzierungsfähigkeit (AVEM) | Resignationstendenz (AVEM) | Innere Ruhe (AVEM) |
|---|---|---|---|---|---|
| HA7_01 | ,126 | -,060 | -,210* | ,252** | -,295** |
| HA7_02 | ,269** | ,204* | -,304** | ,182 | -,186* |
| HA7_03 | ,007 | ,123 | ,105 | ,024 | -,017 |

**. Die Korrelation ist auf dem Niveau von 0,01 (2-seitig) signifikant.

*. Die Korrelation ist auf dem Niveau von 0,05 (2-seitig) signifikant.

Tabelle 9: Der Einfluss von Anerkennung, Feedback und Konkurrenzdruck

Sehr deutlich zeigt sich, dass ein hoher Konkurrenzdruck (HA7_02) in einer sich wechselseitig verstärkenden Beziehung zu beruflichen Ehrgeiz und Verausgabungsbereitschaft steht. Es liegt die Vermutung nahe, dass Probanden mit viel Ehrgeiz eher in Positionen geraten, in denen ein hoher Konkurrenzdruck herrscht, gleichzeitig befeuert Konkurrenzdruck den Ehrgeiz und die Bereitschaft, sich zu verausgaben, noch weiter. Dies kann, gekoppelt mit nachlassender Distanzierungsfähigkeit, zu einer Spirale werden, die den Weg in eine Burnouterkrankung bahnt. Ein Warnsignal kann dabei ein Mangel an innerer Ruhe sein. Dass es aber bei den meisten nicht so weit kommt, deutet sich darin an, dass kein signifikanter Zusammenhang zwischen Konkurrenzdruck und Resignationstendenzen erkennbar wird. Auch korreliert die AVEM-Dimension Innere Ruhe weit weniger stark mit hohem Konkurrenzdruck als die Dimension der Distanzierungsfähigkeit. Ein hoher Konkurrenzdruck kann demnach auch bei niedriger Distanzierungsfähigkeit zu einer hohen Leistungsfähigkeit führen, ohne dass daraus eine Gesundheitsgefährdung resultiert. Darin zeigt sich, dass die Schwelle, ab der Stress zu einem Gesundheitsrisiko wird, individuell sehr unterschiedlich hoch hängt.

Auch sehr deutlich zeigt sich, dass zu wenig Anerkennung in Form von Dankbarkeit eine ausgeprägte Tendenz zur Resignation bedingt und daraus Burnoutrisiken erwachsen können, die sich u.a. in an einem Mangel an innerer Ruhe zeigen können.

Die Verwaltungsmitarbeiterin aus dem Fallbeispiel 1 schildert ihre Einschätzung dazu so: „Wir bekommen, im Gegensatz zu den Wissenschaftlern, die für ihre Forschung brennen, keine Energie raus. Wir sind eigentlich nur damit beschäftigt, unsere Energie in tote Tätigkeiten zu stecken. Wertschätzung für unsere Arbeit ist bei manchen Kolleginnen immer noch fremd" (Anhang 2).

Interessant ist vor diesem Hintergrund eine differenzierte Betrachtung der Tätigkeitsfelder, um zu überprüfen, ob sich der subjektive Eindruck aus dem Fallbeispiel mit den erhobenen Daten deckt.

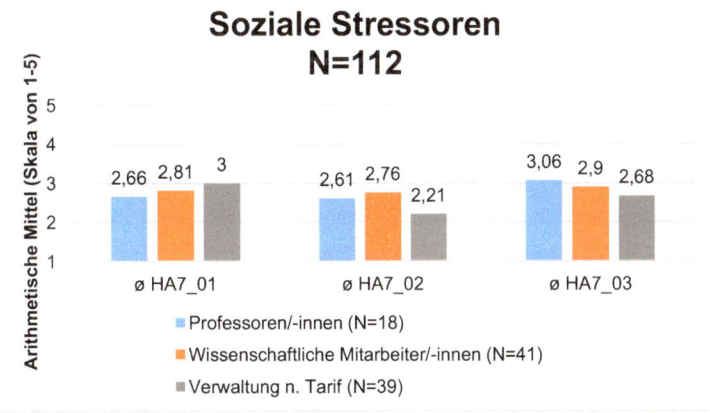

*Tabelle 10: Soziale Stressoren nach Tätigkeitsfeldern*

Bei der Betrachtung nach Tätigkeitsfeldern wird deutlich, dass ein empfundener Mangel an Anerkennung in Form von Dankbarkeit (HA7_01) zwar auch beim wissenschaftlichen Personal ausgeprägt ist, jedoch in der Verwaltung tatsächlich überdurchschnittlich hoch ist. Konkurrenzdruck (HA7_02) wird hingegen erwartungsgemäß in der Verwaltung weit weniger stark empfunden als beim wissenschaftlichen Personal. Beim sachlichen Feedback (HA7_03) ist der empfundene Mangel hingegen erneut in der Verwaltung am stärksten evident.

## 3.2.8. Hypothese A8/Führung

> Der normative Einfluss von Führung spielt in Institutionen innerhalb des Wissenschaftsbe-triebs eine große Rolle für das Arbeitsengagement und Burnoutrisiken.

Empirische Fragestellungen:
- Bei Misserfolgen und Fehlern kann ich auf die Unterstützung durch die Leitung meiner Einrichtung zählen (HA8_01).
- Ich erhalte ausreichend emotionalen Rückhalt durch die Leitung meiner Einrichtung (HA8_02).
- Ich kann mich gut mit dem Wertesystem innerhalb meiner Einrichtung identifizieren (HA8_03).
- Die Leitung meiner Einrichtung trägt zu einem „Wir-Gefühl" bei (HA8_04).

Auswertung:

| Korrelation nach Pearson N=112 | HA8_01 | HA8_02 | HA8_03 | HA8_04 | Subjektive Bedeutsam-keit der Arbeit (AVEM) | Offensive Problemlö-sung (AVEM) | Arbeitsen-gagement (AVEM) |
|---|---|---|---|---|---|---|---|
| HA8_01 | 1 | ,512$^{**}$ | ,303$^{**}$ | ,563$^{**}$ | ,145 | ,113 | ,151 |
| HA8_02 | ,512$^{**}$ | 1 | ,304$^{**}$ | ,608$^{**}$ | ,070 | ,198$^{*}$ | ,145 |
| HA8_03 | ,303$^{**}$ | ,304$^{**}$ | 1 | ,415$^{**}$ | ,000 | ,132 | ,017 |
| HA8_04 | ,563$^{**}$ | ,608$^{**}$ | ,415$^{**}$ | 1 | ,197$^{*}$ | ,211$^{*}$ | ,231$^{*}$ |

**. Die Korrelation ist auf dem Niveau von 0,01 (2-seitig) signifikant.

*. Die Korrelation ist auf dem Niveau von 0,05 (2-seitig) signifikant.

*Tabelle 11: Der Einfluss der Führung*

Es wird ersichtlich, dass die Einschätzungen, bei Fehlern auf die Unterstützung der Leitung zählen zu können (HA8_01), ausreichend emotionalen Rückhalt zu haben (HA8_02), sich gut mit dem Wertesystem der Einrichtung identifizieren zu können (HA8_03) und eine Leitung zu haben, die das „Wir-Gefühl" stärkt (HA8_04), auf einem hoch-signifikanten Niveau miteinander korrelieren. Weniger deutlich, aber erkennbar, sind auch Einflüsse auf die beiden AVEM-Dimensionen der subjektiven Bedeutsamkeit der Arbeit und die offensive Problemlösung sowie den stärker verdichteten Sekundärfaktor des Arbeitsengagements.

Vor dem Hintergrund der Hypothese lässt sich somit konstatieren, dass Führung einen nach-weisbaren Einfluss auf das Arbeitsengagement hat. Anhand der Datenlage können jedoch keine belastbaren Aussagen darüber getroffen werden, wie stark ausgeprägt der Zusammen-hang zwischen Führung und Burnoutrisiken ist. Dass ein einzelner Einflussfaktor auf signifi-kanten Niveau mit dem stark verdichteten und komplexen Sekundärfaktor „Arbeitsengage-ment" des AVEM korreliert, kann aber als Indiz dafür gelten, dass der Einfluss von Führung vergleichsweise hoch ist.

Perspektivlosigkeit schürt sowohl bei wissenschaftlichen Personal als auch bei Verwaltungsmitarbeitern Ängste und Frustration und erhöhen das Burnoutrisiko.

Empirische Fragestellungen:

- Ich habe Angst, meine Arbeit zu verlieren (HA9_01).
- Ich sehe für mich in meiner derzeitigen Anstellung keine langfristige Perspektive
  (HA9_02).

Auswertung:

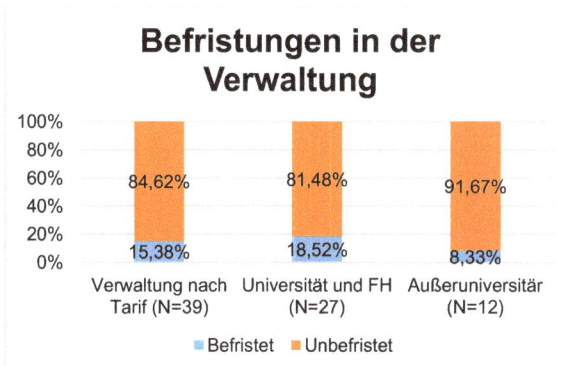

Abbildung 11: Anteil befristeter Stellen in der Verwaltung

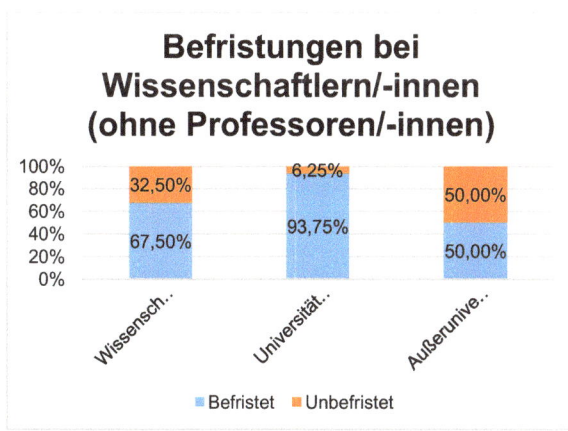

Abbildung 12: Anteil befristeter Stellen bei Wissenschaftlern/-innen (ohne Professoren/-innen)

Die Bestandsaufnahme zeigt, dass erwartungsgemäß der Anteil von unbefristeten Stellen in
der Verwaltung sehr viel höher liegt als im wissenschaftlichen Mittelbau, wo Stellen in der Regel mit Qualifizierungszielen verbunden sind. Auffällig ist dabei, dass im außeruniversitären
Bereich der Hälfte der wissenschaftlichen Mitarbeiter/-innen eine langfristige Perspektive ge-
boten wird, während der entsprechende Anteil im universitären Bereich marginal ist. Auch in

35

der Verwaltung wird im außeruniversitären Bereich offenbar weniger befristet. Das alleine sagt aber noch wenig über beruflichen Perspektiven aus. Aufschlussreicher ist dabei, wie stark die Angst vor dem Verlust des Arbeitsplatzes ausgeprägt ist und wie die Zukunftsperspektiven auf der aktuellen Einstellung eingeschätzt werden.

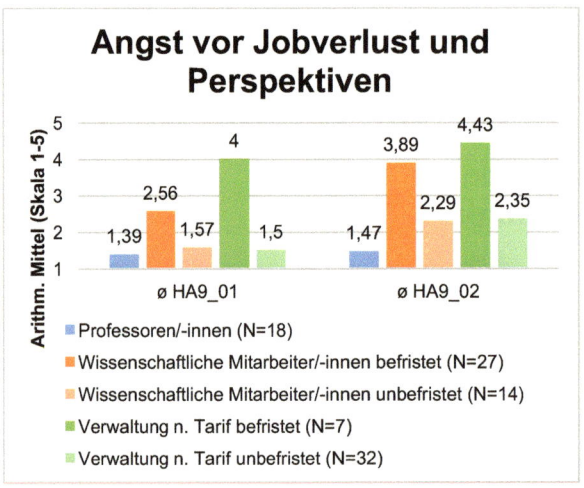

Abbildung 13: Angst vor dem Verlust des Jobs und Einschätzung der Zukunftsperspektive in der aktuellen Anstellung

Es überrascht nicht, dass bei Professoren/-innen, die auf Lebenszeit verbeamtet sind, die Angst vor einem Verlust des Arbeitsplatzes nur sehr gering ausgeprägt ist (HA9_01). Auch sehen die meisten Professoren/-innen eine langfristige Perspektive in der aktuellen Anstellung (HA9_02). Ebenfalls erwartungsgemäß sieht das befristet angestellte Personal im wissenschaftlichen Mittelbau überwiegend keine langfristige Perspektive in der aktuellen Einstellung. Die Angst, die sich mit einem drohenden Verlust der Anstellung verbindet, ist im wissenschaftlichen Mittelbau dabei zwar wesentlich stärker ausgeprägt als bei Professoren/-innen, jedoch weniger stark als der Mangel an Perspektive zunächst vermuten ließe. Die Hälfte der befristet Beschäftigten ist offenbar optimistisch, dass es nach der aktuellen Anstellung schon gut weiter gehen wird. Das hängt sicherlich damit zusammen, dass an Qualifizierungsstellen zumeist keine Erwartungen geknüpft werden, die über das angestrebte Ziel, z.B. Abschluss der Promotion, hinausweisen. Zudem ist bei einer guten Lage auf dem Arbeitsmarkt, wie sie zurzeit herrscht, eine hohe Aufnahmekapazität für Fachkräfte vorhanden. Es sollte dennoch nicht außer Acht gelassen werden, dass beinahe die Hälfte aller befristet Beschäftigten im wissenschaftlichen Mittelbau Angst vor dem Verlust des Arbeitsplatzes haben. Das hängt vermutlich u.a. damit zusammen, dass Perspektiven am Arbeitsmarkt je nach Fachdisziplin sehr unterschiedlich ausfallen und dass die Aussicht auf eine unbefristete Anstellung in der Wissenschaft besonders im universitären Bereich kaum gegeben ist.

Im Bereich der Verwaltung ist auffällig, dass bei unbefristeten Personal die Angst vor einem Jobverlust nur sehr gering ausfällt, aber ein deutlich höherer Anteil der Probanden mit Festanstellung keine langfristige Perspektive auf der aktuellen Anstellung sieht. Das deckt sich mit der Betrachtung im Fallbeispiel 2: „Um einen Verlust des Arbeitsplatzes muss man sich mit einem unbefristeten Vertrag im öffentlichen Dienst nach einigen Jahren wenige Sorgen machen. Allerdings kommt es durchaus vor, dass Arbeitsgebiete wegfallen und man versetzt wird" (Anhang 3). Die Folgen davon sieht dieselbe Mitarbeiterin in einem „Verlust eines sozialen Umfelds, da die Kollegen häufig getrennt werden und auch ein Sinnverlust, wenn die Arbeit, in die man häufig viele Jahre investiert hat, nicht mehr benötigt wird" (ebd.). Noch drastischer formuliert sie, dass „der Neubeginn an Stellen, die man sich selten aussuchen kann und die zwischen »Aufbewahrung bis zur Rente« oder »Hauptsache Man-Power, Vorerfahrung egal« schwanken können" nicht immer einfach sei und „alleine die Angst davor [...] schon sehr stressig sein [kann]" (ebd.).

Über das Verwaltungspersonal mit befristeten Stellen lassen sich anhand der dünnen Datenlage nur bedingt belastbare Aussagen treffen. Die Angst vor einem Jobverlust ist dort am stärksten ausgeprägt. Das entspricht den Erwartungen, da Betroffene sich zumeist nicht wie viele der wissenschaftlichen Mitarbeiter/-innen auf Qualifizierungsstellen befinden, die perspektivisch dem Zweck des beruflichen Vorankommens dienen. Wenngleich wissenschaftliches Personal auch u.a. arbeitet, um die eigene Existenz zu sichern, so ist die Wahrnehmung der eigenen Situation doch eine andere, wenn Existenzsicherung der vorrangige Zweck der Arbeit ist und nicht auf ein Ziel hingearbeitet wird, hinter dem weitere, noch höher gesteckte Ziele vermutet werden.

Im Folgenden soll untersucht werden, inwieweit Perspektivlosigkeit und damit verbundene Ängste sich auf das Burnoutrisiko auswirken.

| Korrelation nach Pearson (N=112) | HA9_01 | HA9_02 | Lebenszufriedenheit (AVEM) | Erfolgserleben im Beruf (AVEM) | Resignationstendenz (AVEM) |
|---|---|---|---|---|---|
| HA9_01 | 1 | ,388** | -,283** | -,201* | ,378** |
| HA9_02 | ,388** | 1 | -,163 | -,028 | ,287** |
| **. Die Korrelation ist auf dem Niveau von 0,01 (2-seitig) signifikant. | | | | | |
| *. Die Korrelation ist auf dem Niveau von 0,05 (2-seitig) signifikant. | | | | | |

*Tabelle 12: Einfluss von Jobverlustängsten und wahrgenommener mangelnder Perspektive*

Ein Einfluss von Jobverlustängsten (HA9_01) und mangelnder Perspektive (HA9_02) auf das Burnoutrisiko ist evident. Probanden mit Jobverlustängsten haben tendenziell eine geringere Lebenszufriedenheit, weniger Erfolgserleben im Beruf und eine deutlich ausgeprägte Resignationstendenz. Perspektivlosigkeit in der aktuellen Anstellung korreliert hingegen nicht auf signifikanten Niveau mit der Lebenszufriedenheit und dem Erfolgserleben. Das korrespondiert mit der bereits geführten Argumentation, dass besonders an befristete Stellen im wissenschaftlichen Mittelbau oft keine Erwartung einer langfristigen Perspektive gekoppelt ist. Bei einer nach Tätigkeitsfeldern differenzierten Betrachtung könnte das Ergebnis anders ausfallen. Über die gesamte Stichprobe führt die wahrgenommene Perspektivlosigkeit aber zu resignativen Tendenzen.

Insgesamt lassen die Daten darauf schließen, dass die Befristungspraxis im Wissenschaftsbetrieb bei einem beträchtlichen Teil des Personals zu Ängsten und Verunsicherung führt, dass aber auch unbefristet Beschäftigte unter einer Perspektivlosigkeit leiden können, die sich auf Aspekte der Arbeitsmotivation auswirken und das Burnoutrisiko erhöhen.

### 3.2.10. Hypothese P1/Person-Environment-Fit

Eine nicht zur Persönlichkeit passende Karriereorientierung verstärkt das Risiko für Burnout erheblich.

Empirische Fragestellungen:

- Ich bin genau die Richtige/ der Richtige für den Beruf, den ich gewählt habe (P1_01).
- Ich kann das, was ich in meiner Ausbildung/ meinem Studium gelernt habe, im Beruf gut anwenden (P1_02).

Auswertung:

| Korrelation nach Pearson (N=112) | Lebensgefühl (AVEM) | Widerstandsfähigkeit (AVEM) | Arbeitsengagement (AVEM) | Resignationstendenz (AVEM) | Erfolgserleben im Beruf (AVEM) | Lebenszufriedenheit (AVEM) |
|---|---|---|---|---|---|---|
| HP1_01 | ,309** | ,273** | ,240* | -,206* | ,390** | ,386** |
| HP1_02 | ,177 | ,117 | -,026 | -,228* | ,192* | ,224* |

**. Die Korrelation ist auf dem Niveau von 0,01 (2-seitig) signifikant.
*. Die Korrelation ist auf dem Niveau von 0,05 (2-seitig) signifikant.

*Tabelle 13: Der Einfluss des Person-Environment-Fit*

Bei der Analyse der Daten wird offensichtlich, welch große Relevanz der Frage zukommt, ob der Job zur Persönlichkeit und Ausbildung der Person passt. Wer den Eindruck hat, für den eigenen Job genau der/die Richtige zu sein, hat tendenziell bei den stark verdichteten Sekundärfaktoren des AVEM Werte, die auf geringere Burnoutrisiken schließen lassen. Die Korrelationen liegen dabei zum großen Teil auf einem sehr hohen Signifikanzniveau. Interessant ist nun, dass dies nicht in gleichem Maße auch für die Frage gilt, ob das in der Ausbildung oder im Studium Gelernte im Beruf gut angewandt werden kann. Hier zeigen sich nur auf der Ebene der weniger komplexen Dimensionen des AVEM signifikante Korrelationen. Offenbar ist das Zusammenspiel aus charakterlicher und fachlicher Eignung in seinem Einfluss deutlich stärker als allein die fachlichen Voraussetzungen.

### 3.3. Synopse

Die Auswertung der Erhebung hat gezeigt, dass es oft diffizil ist, den Einfluss einzelner Faktoren nachzuweisen, da negative Effekte durch Stressoren und Anforderungen der Arbeit teilweise durch positive Faktoren kompensiert werden können (vgl. Demerouti et al. 2001: S.499). Auch wurde offensichtlich, dass intrapersonelle Faktoren eine gewichtige Rolle bei der Frage spielen, ob eine Person in einem bestimmten Arbeitsumfeld einem hohen Burnoutrisiko ausgesetzt ist oder nicht. Davon unberührt sind einige Tendenzen aber deutlich erkennbar. So können manche Problemfelder klar benannt werden, auf denen sich Handlungsempfehlungen gründen lassen.

Die Untersuchung hat auch gezeigt, dass das Risiko an Burnout zu erkranken, in den verschiedenen Tätigkeitsfeldern ähnlich stark ausgeprägt ist, dass aber die Ursachen sehr stark voneinander divergieren. So herrschen beim wissenschaftlichen Personal eher Faktoren wie eine mangelnde berufliche Perspektive und ein hoher Konkurrenzdruck oder speziell bei Professoren/-innen eine sehr hohe Arbeitsbelastung und Rollenambiguität vor, während in der Verwaltung mangelnde Anerkennung und Monotonie sowie wenig anregende Arbeitsinhalte Risiken für Burnouterkrankungen in sich bergen. Das korrespondiert auch mit der zu Beginn des Kapitels gemachten Unterscheidung der Nähe zu Referenzmustern in den Tätigkeitsfeldern. Dementsprechend müssen Handlungsempfehlungen auch für die unterschiedlichen Tätigkeitsfelder differenziert ausfallen.

## 4. Handlungsempfehlungen

Auf der Ebene des Individuums sind vielfältige Möglichkeiten gegeben, Burnoutursachen zu bekämpfen. Neben u.a. von Cherniss benannten Copingstrategien wie Einstellungsänderung, Jobwechsel etc., können auch Maßnahmen außerhalb des Arbeitslebens hilfreich sein, wie z.B. Entspannungstechniken, Meditation oder eine Ausbalancierung von Prioritäten. Entscheidend scheint dabei, dass Betroffene wieder lernen müssen, ihre ureigenen Bedürfnisse z.B. nach Ruhe oder Abgrenzung zu spüren und entsprechend dieser Bedürfnisse zu handeln. Dies ist wichtig, soll hier aber nicht im Fokus stehen. Es soll vielmehr um Handlungsempfehlungen für Entscheider im Wissenschaftsbereich gehen, die darauf abzielen, Risiken organisationalen Burnouts zu verringern. Maßnahmen zielen dabei auf Veränderungen in der Arbeitsumgebung ab. Da die Risikofaktoren zwischen den Tätigkeitsfeldern stark divergieren, soll im Folgenden eine entsprechende Differenzierung vorgenommen werden. Angesichts der Komplexität des Themas und der Heterogenität der Institutionen können Empfehlungen allerdings nur exemplarisch gegeben werden.

Professoren/-innen

Schmidt argumentiert, dass Zeitdruck und Rollenambiguität verringert werden könnten, indem die „Kernaufgaben der Universitätsmitarbeiter beispielsweise durch die Einführung reiner Forschungs- und Lehrprofessuren getrennt werden" (Schmidt 2017: S. 215). Die Umsetzung dieser Forderung wäre allerdings ein gravierender Eingriff, der das deutsche Wissenschaftssystem an seinen Grundfesten erschüttern könnte. Ein solcher Schritt hätte negative Implikationen für das etablierte Verständnis der Autonomie von Wissenschaft sowie für das mit einer Professur verbundene Rollenbild. Ob ein solcher Systemwechsel wünschenswert ist, erscheint vor diesem Hintergrund fraglich. Dennoch ist die Stoßrichtung des Vorschlags richtig. Für eine Verringerung des Burnoutrisikos bei Professoren wäre eine Entlastung zielführend, die z.B. durch die Schaffung von Schnittstellenpositionen im Wissenschaftsmanagement ermöglicht werden könnte. Zudem sollte die Verwaltung einer Einrichtung personell und finanziell so ausgestattet sein, dass ein Höchstmaß an Unterstützung z.B. beim administrativen Teil der Drittmitteleinwerbung, bei der Personalakquise, Patentanmeldungen oder Veranstaltungsorganisation gewährleistet wird. Es bleibt jedoch eine Vielzahl an Aufgaben außerhalb von Forschung und Lehre, die nicht delegiert werden können, da z.B. Gremienarbeit ein Kernbestandteil der akademischen Selbstverwaltung darstellt, die im Wesentlichen von Professoren/-innen gestaltet werden muss. Da mit einer Professur perspektivisch ein heterogenes und komplexes Aufgabenspektrum verbunden bleiben wird, sollte auch mehr Augenmerk darauf gelegt werden, entsprechende Kompetenzen bei Professoren/-innen zu stärken. Ein Teil der Rollenambiguität spiegelt sich eben auch darin wieder, dass viele Professoren/-innen sich nicht als Führungskraft sehen, obwohl sie „doch in erheblichem Maße Führungsaufgaben wahrnehmen" (Müller 2014: S. 49). Wenn Professoren/-innen besser auf ihre Aufgaben vorbereitet würden und in der Entwicklung ihrer Kompetenzen besser begleitet würden, dann könnten Kompetenzkrisen in vielen Fällen ausbleiben. Eine Maßnahme, um dies zu erreichen, liegt in Weiterbildungsangeboten, die auf diese Zielgruppe zugeschnitten sind. An der Universität Mainz wurde dazu das vom Stifterverband finanzierte Leadershipprojekt initiiert, das neben einem modularen Weiterbildungsangebot für Führungskräfte im Wissenschaftsbetrieb auch die Entwicklung von Führungsleitlinien (vgl. Anhang 1) beinhaltet hat, die allen Führungskräften Orientierung bietet.

Wissenschaftliche Mitarbeiter/-innen

Im Wissenschaftlichen Mittelbau wird perspektivisch das Problem bestehen bleiben, dass der Weg nach oben durch einen engen Flaschenhals führt, durch den nur ein Bruchteil der befristet Beschäftigten hindurchgelangen kann. Dies ist für diejenigen ein großer Unsicherheitsfaktor, die eine Karriere in der Wissenschaft anstreben. Da der Bedarf nach neuen Professuren strukturell begrenzt ist, kann der Gesetzgeber Effekte nur abmildern, indem z.B. die Praxis der sehr kurz befristeten Kettenverträge eingedämmt wird.

Die Ergebnisse der Studie deuten darauf hin, dass Burnoutrisiken beim wissenschaftlichen Personal trotz häufig befristeter Stellen nicht so hoch ausgeprägt sind wie in der Verwaltung. Dies hängt u.a. damit zusammen, dass Stellen oftmals mit Qualifizierungszielen in Verbindung stehen und die Wahrnehmung der eigenen beruflichen Perspektiven positiver ausfällt. Es scheint daher so, dass wenig spezifischer Handlungsbedarf besteht. Eine allgemeine Risikoprävention z.B. durch entsprechende Hygienefaktoren (s.u.) oder eine Führung, die ein Arbeitsumfeld schafft, das von gegenseitigem Respekt gekennzeichnet ist, ist für diese Berufsgruppe selbstverständlich ebenso relevant wie für alle anderen Berufsgruppen.

## Verwaltung

In der Verwaltung wurde vor allem ein Risikogefüge aus geringer Anerkennung der Arbeit und zu wenig Anreizen evident. Perspektivisch sind einige Verbesserungen der Situation erkennbar, die jedoch bei weitem nicht bei allen Beschäftigten ankommen. Pellert argumentiert dazu, dass der Aspekt der „ungeliebten Verwaltung" (Pellert 2007: S. 21) und des Managements an Hochschulen insgesamt im Wandel begriffen ist. Nötig wäre ein stärkeres Bewusstsein dafür, was Verwaltung für das Gelingen von Forschung, Lehre und Transfer leistet. Die Universität Mainz kann als Exempel dafür dienen, welche ersten Schritte in die Richtung getan werden können. Im Jahr 2012 wurde in Eigeninitiative eine Arbeitsgruppe einiger in Sekretariaten Beschäftigter ins Leben gerufen. Die Gruppe verfolgt das Ziel, auf ihren Berufsstand aufmerksam zu machen und Wege aus dem „Einzelkämpfer/-innen-Dasein auf[zu]zeigen, die Kolleginnen und Kollegen des wissenschaftsstützenden Personals aus Fachbereichen und Verwaltung [zu] motivieren sowie Informationen und Unterstützung an[zu]bieten" (JGU 2018). Dazu finden monatlich Treffen statt, es werden Imagebroschüren verteilt, Interviews gegeben, Mentorings angeboten, Informationsveranstaltungen organisiert sowie konkrete Hilfestellungen z.B. bei der Überprüfung von Stellenbeschreibungen und Eingruppierungen geleistet (vgl. ebd.). Eine solche Interessenvertretung kann aber nur ein erster Schritt sein, da im Führungshandeln von Führungskräften, in monetärer Hinsicht und vor allem auch in einer Verbesserung von Aufstiegsmöglichkeiten ein Wandel einsetzen muss. Dazu müssen Entscheidungen getroffen werden und Einstellungsänderungen auf verschiedenen Ebenen stattfinden. Gefragt sind u.a. politische Entscheidungsträger/-innen, Leitungen der Institutionen, Fachbereichsleitungen bis hin zu unmittelbaren Vorgesetzten. An der Mainzer Universität wurden nach dem ersten Schritt bereits ein paar weitere zaghafte Schritte unternommen, z.B. in Form der Führungsleitlinien (vgl. Anhang 1) oder einer Imagebroschüre „Mitarbeiterinnen in Verwaltung und Technik der JGU" (JGU 2017) der Stabsstelle Gleichstellung und Diversität. Darin kommt zur Sprache, wie komplex Tätigkeitsfelder in dem Bereich oft sind und welche „umfassende[n] Soft-Skills wie Kommunikationstalent, Teamfähigkeit, selbständiges Arbeiten, Flexibilität [und] Multitasking" (ebd.) dafür erforderlich sind. Befremdend ist dabei allerdings, dass ausschließlich weibliche Angestellte zu Wort kommen und auch explizit nur „Mitarbeiterinnen" im Fokus stehen, obwohl männliche Kollegen in den gleichen Tätigkeitsfeldern nicht minder von den Problemen betroffen sind.

## Globale Faktoren

Wichtig sind ferner arbeitshygienische Faktoren, die die Wahrnehmung von Mitarbeiter/-innen als geschätzte Individuen stärken (vgl. Pines et al. 2000: S. 136). Neben klassischen Hygienefaktoren wie technischer Infrastruktur, ergonomischer Möblierung, guter Beleuchtung etc. können als Beispiele, die auch in Einrichtungen des Wissenschaftsbetriebs zu finden sind, neue Modelle zur Arbeitszeiteinteilung, altersgerechte Weiterbildungsprogramme, ein betriebliches Gesundheitsmanagement oder z.B. eine gute Kinderbetreuung angeführt werden.

Nicht unerwähnt soll auch die Rolle psychologischer Beratungsstellen an Wissenschaftseinrichtungen bleiben. Bei Betroffenen ist oft die Hemmschwelle zu groß oder die Selbsterkenntnis zu gering, um solche Beratungsstellen aufzusuchen. Trotzdem leisten solche Einrichtungen einiges im Bereich der Aufklärung und Prävention und können im akuten Fall vermitteln.

# 5. Resümee

Eines sollte die vorliegende Arbeit gezeigt haben: Die Ursachen und Auswirkungen von Burnout im Wissenschaftsbetrieb sind vielfältig und die Probleme sind oft hausgemacht. Viele der Risikofaktoren innerhalb der Arbeitsumgebung wären vermeidbar, wenn bei Entscheidern sowie auch im Kreise von Kollegen/-innen das Bewusstsein dafür ausgeprägter und der Wille und die Mittel zum Handeln gegeben wären. Erschwert wird dies dadurch, dass einige zentrale Faktoren struktureller Natur sind und Ursachen auf mehreren Ebenen liegen. Beispielsweise in puncto Befristungspraxis und Aufstiegsmöglichkeiten liegen die Gründe zumindest teilweise auf der Makroebene der Landes- oder Bundespolitik. Andere Gründe für Burnout hingegen, wie z.B. der mangelnde Person-Environment-Fit, liegen größtenteils auf der Ebene des Individuums und sind daher ebenfalls durch Entscheider in Wissenschaftseinrichtungen kaum zu beeinflussen. Das sollte aber keine Rechtfertigung für Versäumnisse auf institutioneller Ebene werden. Der Leitsatz in den Führungsleitlinien an der Johannes Gutenberg-Universität Mainz, dass allen Mitarbeiter/-innen „unabhängig von ihrem Status Respekt, Wertschätzung und Loyalität" (JGU Mainz 2016/ Anhang 1) entgegengebracht werden soll, weist in die richtige Richtung, bleibt aber wirkungslos, solange er nicht umgesetzt wird.

Zum Abschluss dieser Arbeit soll der Blick nochmal auf die eingangs gestellten forschungsleitenden Fragen gerichtet werden. Auf die erste Frage nach der Relevanz des Themas für den Wissenschaftsbetrieb kann klar geantwortet werden, dass diese hoch ist. Risiken für Burnouterkrankungen sind keinesfalls geringer als in Betrieben der freien Wirtschaft. Ein Blick auf die Verteilung der Nähe zu den vier Verhaltens- und Erlebensmuster des AVEM innerhalb der Stichprobe bestätigt dies. Es wurde zudem ersichtlich, dass im Wissenschaftsbetrieb neben Burnoutrisiken, die in den meisten Berufen vorkommen, einige Spezifika zu ganz eigenen Risikomustern führen, die sich wiederum zwischen den Tätigkeitsfeldern stark unterscheiden.

Zur Beantwortung der zweiten Frage wären vor allem die harte Trennlinie zwischen Verwaltungs- und Wissenschaftspersonal, Monotonie und mangelnde Anerkennung in der Verwaltung, die Befristungspraxis und Konkurrenzdenken im akademischen Mittelbau und die Heterogenität und hohe Quantität der Anforderungen von Professuren hervorzuheben. Es wurde auch deutlich, dass Einflussfaktoren nicht nur innerhalb der Arbeitsumgebung liegen, sondern der Person-Environment-Fit eine gewichtige Rolle spielt. Ob jemand an Burnout erkrankt oder nicht, hängt folglich auch eng mit charakterlichen Prädispositionen und Erwartungen zusammen, die sich mit dem Beruf verbinden. Dennoch lassen sich Risiken durch Veränderungen einiger Parameter in der Arbeitsumgebung erheblich reduzieren.

Auf die dritte Frage nach entsprechenden Handlungsempfehlungen wurden im vorangegangenen Kapitel exemplarisch einige Antworten gegeben. Die Zusammenstellung ist allerdings bei weitem nicht vollständig und muss für jeden Betrieb speziell zugeschnitten werden.

Mit Blick auf das Zitat ganz zu Beginn dieser Arbeit sei es allen Entscheidern im Wissenschaftsbetrieb noch geraten, sich nicht wie der Kaiser zu verhalten, sondern sich Versäumnisse einzugestehen, die eigene Verantwortung für das Wohl der Mitarbeiter/-innen anzunehmen und im Rahmen der eigenen Möglichkeiten Risiken für organisationalen Burnout entgegenzuwirken.

-FINIS-

# 6. Literaturverzeichnis

Andersen, H.C. (1873): Sämtliche Märchen. 12. Aufl., Leipzig: Teubner.

Bakker, A. B.; Demerouti, E.; Euwema, M.C. (2005): Job Resources Buffer the Impact of Job Demands on Burnout. *Journal of Occupational Health Psychology*, 10 (2), S. 170-180.

Bandura, Albert (1977): Self-efficacy. Toward a Unifying Theory of Behavioral Change. In: *Psychological Review*, 1977 (2), S. 191-215.

Banscherus, Ulf; Dörre, Klaus; Neis, Matthias; Wolter, Andrä (2009): Arbeitsplatz Hochschule. Zum Wandel von Arbeit und Beschäftigung in der unternehmerischen Universität. Hrsg.: Friedrich-Ebert-Stiftung. WISO-Diskurs 09.2009. Bonn: bub.

Bradley, Jennifer; Eachus, Peter (1995): Occupational stress within a U.K. higher education institution. *International Journal of Stress Management*, 2(3), S. 145-158.

Burisch, Matthias (2014): Das Burnout-Syndrom. Theorie der inneren Erschöpfung. 5. Aufl., Heidelberg: Springer Medizin.

Cherniss, Cary (1980): Staff Burnout. Job Stress in the Human Services. Thousand Oaks: Sage Publications.

Cherniss, Cary (1999): Jenseits von Burnout und Praxisschock. Hilfen für Menschen in lehrenden, helfenden und beratenden Berufen. Weinheim: Beltz.

Crosmer, Janie: Faculty Burnout Has Both External and Internal Sources, Scholar Says. In: *The Chronicle of Higher Education*. Online unter: https://www.chronicle.com/article/Faculty-Burnout-Has-Both/65843. Zuletzt überprüft am 15.03.2018.

Deci, Edward L. (1971): Effects of Externally Mediated Rewards on Intrinsic Motivation. In: *Journal of Personality and Social Psychology*, 1971 (1), S. 105-115.

Demerouti, Evangelia; Bakker, Arnold B.; Nachreiner, Friedhelm, Schaufeli, Wilmar B. (2001): The Job Demands-Ressources Model of Burnout. In: *Journal of Applied Psychology*, Vol. 86 (3), S. 499-512.

Fischer, Harvey J. (1983): A psychoanalytic view of burnout. In: Barry Alan Farber (Hg.): Stress and Burnout in the Human Service Professions. New York: Pergamon.

Freudenberger, Herbert J. (1974): Staff burn-out. In: *Journal of Social Issues*, Vol. 30 (1), S. 159-165.

Freudenberger, Herbert J.; Richelson, Geraldine (1980): The High Cost of High Achievement. Garden City: Anchor Press.

Ghorpade, Jai; Lackritz, Jim; Singh, Gangaram (2007): Burnout and Personality: Evidence From Academia. In: *Journal of Career Assessment*, Vol. 15 (2), S. 240-256.

Greve, Gustav (2015): Organizational Burnout. Das versteckte Phänomen ausgebrannter Organisationen. 3. Auflage. Wiesbaden: Springer Gabler.

Hedderich, Ingeborg (2009): Burnout. Ursachen, Formen, Auswege. München: C.H. Beck.

Heinrichs, Werner (2010): Hochschulmanagement. München: Oldenbourg Verlag.

Hofmann, Eberhardt (2015): Wo brennt es beim Burnout? Eine passungspräventive Sichtweise zur Analyse und Vermeidung von Burnout. Wiesbaden: Springer Gabler.

Hofstede, Geert; Neuijen, B.; Daval Ohayv u. Sanders, G. (1990): Measuring Organizational Cultures: A Qualitative and Quantitative Study Across Twenty Cases. In: *Administrative Science Quarterly*, 1990 (2), S. 286-316.

Johannes Gutenberg-Universität Mainz (2016): Die neuen Führungsleitlinien der JGU. Online: http://www.personalentwicklung.uni-mainz.de/437.php. Zuletzt überprüft am 07.03.2018.

Johannes Gutenberg-Universität Mainz (2017): Broschüre "Mitarbeiterinnen in Verwaltung und Technik". Online: http://www.frauenbuero.uni-mainz.de/4971.php. Zuletzt überprüft am 07.03.2018.

Johannes Gutenberg-Universität Mainz (2018): SOS: Starke Office Services. Online: http://www.frauenbuero.uni-mainz.de/2983.php. Zuletzt überprüft am 07.03.2018.

Lauderdale, Michael (1982): Burnout: Strategies for Personal and Organizational Life: Speculations on Evolving Paradigms. Austin: Pfeiffer & Co.

Lee, Raymond T.; Ashforth, Blake E. (1996): A Meta-Analytic Examination of the Correlates of the Three Dimensions of Job Burnout. In: *Journal of Applied Psychology*, Vol. 81 (2), S. 123-133.

Maslach, Christina; Leiter, Michael P. (1997): The truth about Burnout. How Organizations cause Personal Stress and what to do about it. San Francisco: Jossey-Bass.

Maslach; Christina (1982): Burnout. The Cost of Caring. Englewood Cliffs: Prentice Hall.

Maslach, Christina; Pines, Ayla (1977): The burn-out syndrome in the day care setting. In: *Child Care quarterly*, Vol. 6 (2), S. 100-113.

Müller, Ursula M. (2014): Und sie tun es doch: Führung in deutschen Universitäten. In: *Wissenschaftsmanagement* 20 (4), S. 45-49.

Müller-Timmermann (2004): Ausgebrannt – Wege aus der Burnout-Krise. 7. Auflage. Freiburg: Herder spektrum.

Navarro, María Luisa Avargues; Más, Mercedes Borda (2010): Job stress and burnout syndrome at university: A descriptive analysis of the current situation and review of the principal lines of research. In: *Anuario de Psicologia Clinica y de la Salud*, 2010 (6).

Pellert, Ada (2007): Personalmanagement in Hochschule und Wissenschaft. In: Hanft, Anke (Hg.): Studienreihe Bildungs- und Wissenschaftsmanagement. Münster: Waxmann Verlag.

Pines, Ayala; Aronson, Elliot u. Kafry, Ditsa (2000): Ausgebrannt. Vom Überdruß zur Selbstentfaltung. 9. Auflage. Stuttgart: Klett-Cotta.

Popper, Karl R. (2012): Alles Leben ist Problemlösen. Über Erkenntnis, Geschichte und Politik. 15. Aufl., München: Piper Verlag.

Prieß, Mirriam (2016): Burnout kommt nicht nur von Stress. Warum wir wirklich ausbrennen – und wie wir zu uns selbst zurückfinden. 5. Aufl., München: Südwest Verlag.

Rothlin, Philippe; Werder, Peter R. (2014): Unterfordert. Diagnose Boreout – wenn Langeweile krank macht. 3. überarb. Auflage, München: Redline Verlag.

Rothmann, S.; Jordaan, G.M.E. (2006): Job Demands, Job Resources and Work Engagement of Academic Staff in South African Higher Education Institutions. In: *SA Journal of Industrial Psychology* 32 (4), S. 87-96.

Schaarschmidt, Uwe; Fischer, Andreas (2016): Arbeitsbezogenes Verhaltens- und Erlebensmuster (AVEM-44). Frankfurt a. M.: Pearson Assessment.

Schaarschmidt, Uwe; Fischer, Andreas (1996): Arbeitsbezogenes Verhaltens- und Erlebensmuster. Handbuch. Frankfurt: Swets.

Schmidt, Franziska (2017): Burnout und Arbeitsengagement bei Hochschullehrenden. Der direkte und interagierende Einfluss von Arbeitsbelastungen und -ressourcen. Wiesbaden: Springer.

Schwabe, Alexander: Ich wollte nur noch fliehen. In: Zeit Campus 3/2010. Online: http://www.zeit.de/campus/2010/03/burnout-erfahrungsbericht. Zuletzt überprüft am 15.03.2018.

Vash, Carolyn (1980): The Burnt-Out Administrator. New York: Springer.

Sonstige Quellen:

Fallbeispiel 1: Schriftliche Aussage einer Mitarbeiterin im Sekretariat eines Fachbereichs der Johannes Gutenberg-Universität als Reaktion auf die Onlinebefragung.

Fallbeispiel 2: Schriftliche Aussage einer Mitarbeiterin in der Verwaltung einer Fachbereichsbibliothek der Johannes Gutenberg-Universität als Reaktion auf die Onlinebefragung.

# 7. Anhänge

**Anhang 1:** Führungsleitlinien der Johannes Gutenberg-Universität Mainz

---

Ziel dieser Führungsleitlinien ist es, ein gemeinsames Grundverständnis von Führung in unserer Universität zu schaffen. Diese Leitlinien setzen Standards für Führungsverhalten und stellen Rahmenbedingungen für den Einsatz von Führungsinstrumenten dar. Für alle Mitglieder der Hochschule mit Führungsverantwortung sind diese Führungsleitlinien Grundlage ihres Führungshandelns.

### Wer Führungsverantwortung an der JGU wahrnimmt,

1. ist sich der damit verbundenen Konsequenzen bewusst und steht für Ziele und Handlungen auch im Fall von Widerständen ein.
2. ist selbstkritisch, stets bereit zu lernen und sich weiterzuentwickeln.
3. weiß um die eigene Vorbildfunktion und handelt entsprechend.
4. ist entscheidungsfähig und entscheidungswillig, aber auch bereit, einmal getroffene Entscheidungen gegebenenfalls zu revidieren.
5. trifft anhand nachvollziehbarer Kriterien sach- und zielorientierte Entscheidungen.

### Führungsverantwortung gegenüber Mitarbeiterinnen und Mitarbeitern zeichnet sich dadurch aus,

6. dass ihnen unabhängig von ihrem Status Respekt, Wertschätzung und Loyalität entgegengebracht werden.
7. dass ihre individuellen Potenziale angemessen bewertet und gefördert werden.
8. dass sie ermuntert werden, Verantwortung für ihre Aufgaben zu übernehmen, und dass sie dabei Unterstützung erfahren.
9. dass man Perspektiven schafft und eine Orientierung anbietet, die sowohl Sinn und Ziele des Handelns als auch Grenzen und Möglichkeiten aufzeigt.
10. dass man mit ihnen gemeinsam eine offene, sachbezogene, zielorientierte und ehrliche Kommunikation pflegt.
11. dass man sich für gesunde Arbeitsbedingungen einsetzt.

### Führungsverantwortung gegenüber der Universität als Organisation bedeutet, dafür zu sorgen,

12. dass die gemeinsamen Ziele der JGU unterstützt werden.
13. dass zur Gesamtleistung und Weiterentwicklung der Universität ein Beitrag geleistet wird.
14. dass bei allen Entscheidungen sowohl die Interessen des eigenen Bereiches als auch Interessen der Universität gewahrt werden.
15. dass die Verpflichtung zur aktiven Beteiligung in der universitären Selbstverwaltung verantwortlich und engagiert wahrgenommen wird.

www.leadership.uni-mainz.de

# Anhang 2:

**Fallbeispiel 1: Mitarbeiterin (möchte anonym bleiben) im Sekretariat eines Fachbereichs an der Johannes Gutenberg-Universität Mainz**

Auszug aus einer E-Mail vom 07.02.2018:

„Durch die Routine-Arbeiten, und die inhaltlich oft wenig anspruchsvolle Arbeit in den Sekretariaten sind die Kolleginnen unterfordert, sie boren-out. Wir sind mit immer wiederkehrenden Fragen und Vorgängen konfrontiert, die uns nicht mehr fordern. Wir bekommen, im Gegensatz zu den Wissenschaftlern, die für ihre Forschung brennen, keine Energie raus. Wir sind eigentlich nur damit beschäftigt, unsere Energie in ´tote´ Tätigkeiten zu stecken. Wertschätzung für unsere Arbeit ist bei manchen Kolleginnen immer noch fremd.

Ein Punkt ist für uns auch noch wichtig – denn das Hierarchiegefälle an der Universität ist sehr groß. Die Wissenschaftler werden ständig gefordert, für uns gibt es da immer noch sehr wenige Möglichkeiten, so dass die Motivation nach einiger Zeit nachlässt. Manche Kolleginnen arbeiten hier 30 Jahre. Wie schafft man es, sich jeden Tag neu zu motivieren für immer gleiche Tätigkeiten? Wechselnde Vorgesetze, die irgendwann jünger sind und ständig dreht sich alles um das Vorankommen der Wissenschaftler. All das beschäftigt uns hier sehr und macht uns manchmal das Leben schwer. Es ist nicht überall so, aber ich weiß von Kolleginnen, die genauso denken. Denken Sie nur an die Stellen in den Studienbüros, die höhergruppiert sind. Die meisten Stellen werden von Wissenschaftlern besetzt, die Verwaltungsangestellten scheiden hier alleine schon aus an den Voraussetzungen. Es gibt keine Möglichkeit, über die EG 8/9 hinauszukommen."

# Anhang 3:

**Fallbeispiel 2: Mitarbeiterin (möchte anonym bleiben) im Verwaltungsdienst einer Fachbereichsbibliothek an der Johannes Gutenberg-Universität Mainz:**

Auszug aus einer E-Mail vom 19.02.2018:

„Um einen Verlust des Arbeitsplatzes muss man sich mit einem unbefristeten Vertrag im öffentlichen Dienst nach einigen Jahren wenige Sorgen machen. Allerdings kommt es durchaus vor, dass Arbeitsgebiete wegfallen und man versetzt wird. Im Unterschied zu Menschen mit befristeten Verträgen geht dies nicht mit den wirtschaftlichen Nöten einher, an die ich mich aus meinen Zeiten, in denen ich mich von Vertrag zu Vertrag gehangelt habe, nur zu gut erinnere. Es ist aber dennoch ein Verlust eines sozialen Umfelds, da die Kollegen häufig getrennt werden und auch ein Sinnverlust, wenn die Arbeit, in die man häufig viele Jahre investiert hat, nicht mehr benötigt wird. Der Neubeginn an Stellen, die man sich selten aussuchen kann und die zwischen »Aufbewahrung bis zur Rente« oder »Hauptsache Man-Power, Vorerfahrung egal« schwanken können, ist nicht immer einfach und erhöht nach meiner Meinung das Risiko für ein Burn- oder auch ein Bore-out. Alleine die Angst davor kann ebenfalls schon sehr stressig sein."